Tim Ingold

팀 잉골드 / 김기흥

<컴북스이론총서>는
현대를 호흡하는 사상가들을 소개합니다.
단순한 사상의 축약, 해제가 아닙니다.
해당 사상가를 연구해 온 전문가가 직접
사상가의 핵심 키워드 10개를 뽑아 해설하고 비평합니다.
인간과 비인간, 현실과 가상, 문화와 야만의
경계를 넘나드는 모든 사상을 싣겠습니다.
오늘을 살아가는 모든 이의 나침반이 되겠습니다.

컴북스이론총서

팀 잉골드

김기흥

대한민국, 서울, 커뮤니케이션북스, 2025

팀 잉골드

지은이 김기흥
펴낸이 박영률

초판 1쇄 펴낸날 2025년 7월 11일

커뮤니케이션북스(주)
출판 등록 제313-2007-000166호(2007년 8월 17일)
02880 서울시 성북구 성북로 5-11
전화 (02) 7474 001, 팩스 (02) 736 5047
commbooks@commbooks.com
www.commbooks.com

ISBN 979-11-430-0738-4 04300

책값은 뒤표지에 표시되어 있습니다.

반학제로서 인류학

팀 잉골드(Tim Ingold, 1948~)는 영국의 인류학자로, 인간-동물 관계, 예술, 건축, 기술, 인식과 같은 문제를 인류학의 주제로 전환하는 데 중요한 역할을 한 학자다. 1948년 잉글랜드 남동부의 세븐오크스(Sevenoaks)에서 태어났다. 잉골드의 아버지는 20세기의 가장 영향력 있는 균류학자 중 한 명인 세실 테런스 잉골드(Cecil Terence Ingold)다. 수생균류에 대한 연구로 큰 업적을 남겼으며, 레딩대학교와 레스터대학교 그리고 런던대학교 버크벡칼리지에서 교수를 지냈다. 아버지의 균류 연구는 팀 잉골드의 연구에 큰 영향을 미쳤다. 어머니는 지질학 교육을 받았지만 당시 여성의 사회적 활동에 가해진 제약 탓에 주부로 머물렀다고 잉골드는 회고한다.

자연과학에서 사회인류학으로

잉골드는 1966년 케임브리지대학교 처칠칼리지에 입학하면서 전공으로 자연과학을 선택했다. 당시 처칠칼리지의 학생 대부분은 자연과학을 선택했고 인문학 관련 전공을 선택한 학생은 소수였다(Ingold, Gibb, Tonner & Malara, 2024: 176). 이후 잉골드는 대학에서 공부하며 당시 서구 유럽을 휩쓸었던 반전 운동과 반과학 운동에 큰 영향을 받았음이 분명하다. 당시 반전 운동 조직이었던 '과학의 사회적 책임을 위한 캠페인(Campaign for Social Responsibility in Science)'에 가입해 활동하기도 했다.

당시 베트남전쟁에서 벌어진 참상은 지식인 사회에 엄청난 충격으로 다가왔다. 1960년대 말에 고등교육을 받은 미국과 유럽의 지식인들은 정치에 관심이 없더라도 전쟁의 참상과 대량파괴 무기가 전 인류에 가하는 존재론적 위험을 인식하고 있었다. 제2차 세계대전과 냉전을 거치며 미국과 소련이 엄청난 양의 핵폭탄과 수소폭탄을 생산·배치하면서 인류가 한순간에 멸절할 가능성이 현실이 되고 있었다. 잉골드에 따르면 당시 "과학은 무능하고 지적인 밀실 공포증에 빠져 버렸으며 현실적인 경험과는 동떨어진 목표만 추구하고 있었다"(Ingold, 2018/2020: 85). 베트남전쟁 막바지에 이르러 과학기술은 민주주의적 원칙과 동떨어진 채 군산복합체와 전쟁에 종속되었다. 게다가 과학의 폭주가 기후와 환경에 치명적인 영향을 미친다는 사실이 곳곳에서 드러나기 시작했다. 이러한 시기에 대학 생활을 하면서 자연과학에 대한 잉골드의 열정은 급속하게 식었다. 잉골드는 자연과학과 인문학의 분리를 넘어설 수 있는 학문 분과를 모색했고, 그 결과 진로를 인류학으로 전환했다. 과학적 방법에 크게 의존하는 체질인류학이나 생물인류학보다는 사회인류학을 본격적으로 공부하기 시작했다.

잉골드의 박사 논문을 지도한 인물은 케임브리지대학교의 인류학자 존 반스(John Barnes)였다. 잉골드의 회고에 따르면 그의 연구는 반스에게 그다지 영향받지 않은 듯하다. 그 대신 잉골드는 당시 인류학계에서 열풍이었던 이른바 '거래주의(transactionalism)'에 크게 영향받았다. 거래주의는 다양한 행위자들 사이의 경제, 통신, 인적 교류와 같은 상호 거래적 교환과 생태계의 조건을 연구하는 학문적 조류였다. 노르웨이의 인류학자 프레드릭 바르트(Fredrik Barth)가 이 조류를 대표했다. 바르트는 잉골드가 박사 논문을 위한 현장 연구를 시작할 무렵 그의 지적 활동에 강력한 영향을 미쳤다. 잉골드는 자신을 '바르트주의자'라 부를 만큼 바르트의 거래주의적 전통에 매료되었다. 그러나 잉골드가 현장 연구를 마칠 즈음 인류학계에서 바르트의 영향력은 급속도로 축소되었다. 동등한 행위자 사이의 거래 관계라는 바르트의 이론이 갖는 한계는 행위자들 사이에 존재하는 권력관계에 관심을 두어야 한다는 관점으로 이어졌다. 이른바 네오마르크스주의는 계급 관계의 불평등함에 대한 기존 마르크스주의의 논의를 확장해 권력관계의 일반성을 강조했다. 네오마르크스주의가 빠르게 확산하면서 기능주의적 성격을 띤 거래주의는 힘을 잃었다(Ingold, Gibb, Tonner & Malara, 2024: 29).

현장 연구

현장 연구 경험은 잉골드의 학문적 인생에 매우 큰 영향을 미쳤다. 실험실에서 연구하는 과학자 혹은 오래전 사라져 버린 과거의 유물을 찾는 고고학자와 달리 인류학자로서 잉골드는 열린 공간에 놓인 생동감 넘치는 현장에 깊은 애정을 보인다. 현장에 대한 잉골드의 애착은 그가 회고하듯 유년 시절 아버지 세실 잉골드와의 경험에 바탕을 둔다. 균류에 대한 세실 잉골드의 관심은 자연스레 그를 실험실에서 자연환경으로 이끌었다. 세실 잉골드가 활동하던 1930년대에 균류에 관한 연구는 모두 박제되고 보존된 표본에 의존했다. 하지만 세실 잉골드는 "숲에 직접

들어가 균류를 찾고 그것이 어떻게 성장하며 다른 생물종과 어떻게 상호작용하는지 알아내지 않는다면 균류에 대한 이해는 불가능하다"고 주장했다(Ingold, Gibb, Tonner & Malara, 2024: 21).

잉골드 자신이 인정하듯 그가 수행한 열린 현장에서의 연구는 유년기에 아버지와 함께 숲을 거닐고 식물을 관찰하며 균류에 대한 아버지의 열정을 느끼는 과정에서 얻은 체화된 지혜에 근거한다. 숲을 거닐면서 야생에서 일어나는 경이로운 현상을 관찰한 유년기의 감각적 경험은 인류학자로서 현장 연구에 뛰어드는 잉골드의 연구에 엄청난 영향을 미쳤다. 그러한 경험은 선(線, lines)에 대한 연구에 실마리를 제공하기도 했다. 선으로 이루어진 균류에 관한 관심, 세계와 인간 행위를 선의 얽힘과 풀림으로 해석하려는 잉골드의 시도는 숲을 거닐던 유년기의 경험에서 비롯했다고 해도 과언이 아니다.

잉골드에게 현장 연구는 단순히 관찰자로서 관찰 대상을 제삼자적 입장에서 묘사하는 것에 그치지 않는다. 1971～1972년 20대 초반이던 잉골드는 16개월 동안 핀란드 북부 라플란드(Lapland)에서 생활하는 유목민인 사미(Sámi)족에 대한 현장 연구를 수행했다. 이 현장 연구는 잉골드 삶의 변화와 긴밀하게 연관된다. 이때 잉골드는 사미족 공동체의 생활세계에 속하면서 변화하는 자신을 발견했다. 현장 연구를 수행하면서 전환적 경험(transformative experience)을 한 것이다. 잉골드는 현장에서 자기 경험을 학술적 설명의 언어로 전달하는 과정에서 상당히 많은 세부 사항들이 누락된다는 점을 인식했다. 세부적이고 감각적인 사항들이 체에 걸러지듯 사라짐을 깨닫고 이를 담아내기 위해 인류학적 관심사를 전환했다. 단순히 경험을 기록하고 분석하는 것만으로는 생생한 경험의 감각적이고 구체적인 과정을 모두 담아내기 어렵다. 잉골드는 이러한 한계를 넘어설 해결책을 선의 얽힘과 풀림의 끊임없는 운동에서 찾았다.

사미족은 순록 사육과 사냥, 어업과 같은 전통 경제 활동을 통해 생활하는 유목민족이다. 사미족과 순록은 떼려야 뗄 수 없는 관계를 맺고 있다. 따라서 사미족에 대한 인류학적 현장 연구는 사미족이라는 인간 공동체에 관한 연구에 한정될 수 없다. 이러한 맥락에서 사미족에 대한 잉골드의 현장 연구는 사미족뿐 아니라 그들과 공존하는 순록에 큰 관심을 보였다. 사미족의 삶이 순록 떼의 이동과 전적으로 얽혀 있다는 사실을 밝히며, 중요한 논의 주제에서 순록을 빠뜨리지 않았다. 사미족과 순록 떼의 얽힘에 대한 이러한 분석은 인류학계의 주류에서 벗어나 있었다. 최근

에는 인류학을 포함한 사회과학에서 비인간 행위자들(예를 들어 사물이나 생물종)에 대한 연구가 일상적으로 이루어지고 있지만, 1970년대 초반의 학문적 경향에서 가장 중요한 연구 주제는 여전히 인간에 대한 탐구였다. 잉골드의 연구 결과는 왕립인류학연구소의 학술지에 발표된 이후 수많은 비판의 대상이 되었다. 그러나 이러한 이단적 경향은 오히려 잉골드로 하여금 연구 영역을 확장하고 인류학 외부에서 새로운 아이디어를 흡수할 수 있게 했다.

학문적 궤적

잉골드는 사미족에 관한 현장 연구를 진행할 당시 헬싱키대학교와 맨체스터대학교에서 교수로 일했다. 맨체스터대학교는 영국에서 케임브리지대학교와 함께 사회인류학의 주축을 이루고 있었다. 맨체스터대학교 사회인류학과는 1947년 남아프리카 출신 인류학자였던 맥스 글러크먼(Max Gluckman)에 의해 설립되었다. 이곳은 인류학과 사회과학에서 사례 연구를 강조하고 마르크스주의 경제학과 사회학의 지적 전통을 받아들여 연구하면서 이른바 '맨체스터학파(Manchester School)'를 형성한 유서 깊은 학과다.

여러 학자들이 이 지적 공간에서 흥미로운 사회인류학 연구 결과를 생산했다.

이들 중 주목할 만한 연구자가 한국인 인류학자이자 현재 케임브리지대학교 트리니티칼리지의 석좌교수인 권헌익이다. 권헌익은 1990년대 초반 소련 공산주의 블록이 와해하던 와중에 '냉전'의 문제를 다루는 인류학 연구를 진행했다. 그 결과로 냉전 이후에도 냉전 체제가 남아 있는 한국과 베트남에 관한 냉전 삼부작을 발표했다. ≪학살, 그 이후≫(2006/2012), ≪베트남 전쟁의 유령들≫(2008/2016) 그리고 ≪또 하나의 냉전≫(2010/2013)이 그것이다. 또한 권헌익은 최근 인류학이 큰 관심을 보이고 있는 애니미즘을 고찰한다. 잉골드의 사미족 현장 연구를 참조해 구축한 애니미즘에 대한 새로운 접근법으로 사할린의 토착 순록 사육 집단농장에서 현장 연구를 진행한다. 이를 바탕으로 인류학이 애니미즘을 다뤄 온 전통에 대해 논의한다(Kwon, 2018).

맨체스터대학교의 인류학자들이 공유하는 지적 문화는 권헌익이 그랬듯 원주민 사회의 사회관계와 같은 주제에 몰입하던 인류학적 풍토에서 벗어나 좀 더 이질적이고 확장된 주제에 관해 연구할 수 있는 환경이다. 이 문화를 구축하는 데 중요한 역할을 한 것이 바로 잉골드다.

잉골드가 맨체스터대학교에서 겪은 경험이 항상 순탄하고 생산적이지만은 않았다. 잉골드가 경력을 시작한 1980년대는 영국 학자들에게 시련의 시기였다. 마거릿 대처(Margaret Thatcher)의 보수당 정부가 민영화와 시장의 논리를 대학 교육에도 예외 없이 적용하면서 학자들은 신자유주의의 광풍을 마주했다. 사회인류학과 같은 순수 학문은 당시 영국 사회에서 그다지 환영받지 못했다. 상업적 영향력이 없다는 이유로 정부에 충분히 지원받지 못했으며 자체적인 시장 경쟁력에 의존할 수밖에 없었다. 그럼에도 잉골드는 맨체스터대학교에서 자신만의 인류학적 개념 틀을 마련해 나갔다.

잉골드는 1999년 스코틀랜드 북동부에 위치한 애버딘대학교로 자리를 옮겨 인류학·고고학·예술·건축(4As)을 결합한 프로그램을 신설했다. 네 가지 이질적인 학문 분야를 섞어 새로운 형태의 학제적 연구를 할 수 있는 플랫폼을 만들었다. 애버딘대학교에서 잉골드의 인류학적 상상력은 폭발적으로 확장되어 인류학이 다룬 적 없던 생경한 분야에 대한 지적 작업으로 나아갔다.

애버딘은 영국에서 주류 사회라고 할 수 없는 스코틀랜드의 북동부에 위치한 주변부의 공간이다. 이와 동시에 스코틀랜드 북부 지역에서 가장 큰 도시이기도 하다. 이 도시의 성장은 북해에서 채취되는 석유 관련 산업에 크게 의존한다. 북극권과 가까우며 광야로 둘러싸여 있으면서도 상대적으로 큰 규모의 도시라는 특이함은 애버딘이 북극권 지역에 대한 인류학 연구의 거점이 되기에 충분하게 했다. 잉골드는 애버딘대학교의 인류학과로 자리를 옮기면서 애버딘이 갖는 이 모순적 특성, 북해 석유 산업에 의존하는 대도시이자 북극권의 자연에 둘러싸인 장소라는 사실에 주목했다. 이는 잉골드로 하여금 "북부의 인류학(Anthropology of the North)"을 만들겠다는 꿈을 꾸도록 했다. 북극권에 위치한 코펜하겐, 오슬로, 트롬쇠, 스톡홀름, 헬싱키, 레이캬비크, 탈린, 상트페테르부르크, 토론토와 같은 도시의 인류학 센터들과 연계해 북극권 지역에서 일어나는 현상을 분석하는 연구 네트워크를 구축하는 것이 잉골드의 야심찬 계획이었다(Ingold, Gibb, Tonner & Malara, 2024: 54).

또한 잉골드는 북부 스코틀랜드의 광활한 자연 공간에서 인간과 자연의 관계에 대한 새로운 통찰을 얻는 지적 작업을 할 수 있었다. 애버딘에서의 연구는 ≪환경에 대한 지각(The Perception of the Environment)≫(2000), ≪살아 있는 것(Being Alive)≫(2011), ≪팀 잉골드의 인류학 강의(Anthropology: Why It Matters)≫(2018), ≪조응(Correspondences)≫(2020), ≪실재를 상상하기(Imagining for

Real)≫(2022) 그리고 ≪지금 세대의 등장과 몰락(The Rise and Fall of Generation Now)≫(2023)과 같은 저작으로 꽃피게 된다.

잉골드는 전형적인 인류학자로 보기 어렵다. 잉골드가 확장한 인류학 연구 영역은 단순히 인간 또는 동물에만 국한되지 않는다. 잉골드의 연구 중 백미라고 할 만한 선에 관한 인류학 연구 삼부작은 끊임없이 변화하고 운동하는 과정을 표현하는 '되기(becoming)'의 철학적 함의를 인류학적으로 해명한다. 이 삼부작은 ≪라인스(Lines)≫(2007/2024), ≪만들기(Making)≫(2013), ≪모든 것은 선을 만든다(The Life of Lines)≫(2015/2024)로 구성된다. 여기서 잉골드는 인간의 모든 활동이 덩이 형태로 만들어지는 것이 아니라 선을 따라 진행된다는 사실을 발견한다. 잉골드의 '선의 인류학'은 인간의 삶이 선을 만드는 과정이라는 주장을 비인간 생물체와 사물에까지 확장한다. 즉 인간과 비인간, 유기체와 비유기체, 인공물과 자연물의 경계를 허물고 인류학뿐 아니라 사회학, 생태학, 고고학, 건축학, 미학, 기상학 등 여타 인접 학문의 영역을 가로지르는 흥미로운 지적 도전을 수행한다.

애버딘대학교 인류학과에서 은퇴한 후에도 잉골드의 지적 관심은 여전히 확장 중이다. 환경과 동물, 세대와 예술, 건축, 세대 그리고 선까지 인류학의 전통적 주제를 넘어 끊임없이 새로운 영역에 대한 탐구로 나아가고 있다. 잉골드는 ≪팀 잉골드의 인류학 강의≫에서 다음과 같이 묻는다.

> 인류학은 과학일까, 예술일까? 앞서 나는 인류학자를 사냥꾼과 비교했다. 사냥감을 관찰하면서 배우고 사냥감을 이해하기 위해 그 내부로 들어가는 삶의 방식을 따르는 몽상가 말이다. 우리의 감각을 다시 깨우고 앞으로 전개되는 삶 속에 있는 존재의 내부로부터 지식을 얻는 것은 이론의 여지는 있지만 분명 예술의 역할이다. 가장 인류학적인 예술가인 파울 클레(Paul Klee)는 1920년 작품에서 이렇게 단언한다. "예술은 눈에 보이는 것을 재현하는 것이 아니라 눈에 보이도록 만드는 것이다."(Ingold, 2018/2020: 196)

잉골드에게 인류학이란 무엇일까? 인류학은 인간에 관해 해명하는 분야가 아니다. '인간과 함께'하는 학문이다. 그러나 특정 학문 분과가 그 자체의 지적 영역을 주장하는 것은 지식 영역을 각 학문이 지배할 영역으로 나누는 것, 즉 '지적 식민지'와 다를 바 없다고 잉골드는 주장한다. 애당초 잉골드가 인류학·고고학·예술·건축을 통합하며 목적으로 삼은 것은 그 학제들이 상호작용하는 방식을 살피며 "공간, 시간, 운동의 흐름 속에서 사람들이 자신과 주변 환경을 인식하고 관계 맺는 방식을 이해·형성하기 위해 상호 보완적인 접근법으로" 각기 다른 학제를 연결하는 방식을 탐구하는 것이었다(Ingold, 2013: 11). 그런데 그러한 시도는 놀랍게도 학제적 탐구가 아니라 학문 간 경계의 사라짐이라는 결과를 낳았다(Ingold, 2013: 12). 그래서 잉골드는 인류학이 진정한 '반(反)학제'라고 결론짓는다. 잉골드에게 인류학은 좁은 지적 영역을 차지하고 웅크린 채 그 영역을 고수하는 것이 아니다. 잉골드가 그 대신 보여 주려는 인류학은 좀 더 포괄적이고 총체적인 학문으로서 인류학이며, 그것은 현재 진행 중이다.

잉골드의 글쓰기는 전형적인 인류학적 또는 사회과학적 글쓰기와는 다르다. 그의 글쓰기는 문학적이고 예술적이다. 객관적이고 고정된 글쓰기가 아니라 활과 현이 만나 쏟아져 나오는 소리를 연상시키는 글쓰기다. 문학적으로 유려하게 흐르듯 써 내려가는 잉골드의 글솜씨는 그의 예술가적 기질과 맞닿아 있다. 잉골드의 예술성은 첼로에 대한 그의 사랑을 통해 엿볼 수 있는데, 아마도 활과 현의 조응을 통해 만들어지는 소리의 흐름은 그가 강조하는 '선의 인류학'과 관련이 있을 것이다. 잉골드가 현장 연구를 위해 핀란드 사미족의 거주지로 떠날 때도 첼로는 그의 곁을 떠나지 않았다. 핀란드의 광활한 툰드라 지대에서 첼로를 켜는 인류학자를 상상하는 것은 쉬운 일이 아니다. 잉골드가 첼로에 대한 자신의 열정과 예술성을 인류학적 언어로, 특히 그가 구축하고자 한 '조응의 인류학'에 의거한 언어로 표현하는 방식은 "첼로를 통해 생각하기(Thinking through the cello)"에서 잘 드러난다(Ingold, 2020b).

잉골드의 인류학적 글쓰기가 낯선 이유는 그것이 전형적 인류학자들의 분석적이고 객관적인 묘사 방식과 다르기 때문일 것이다. 잉골드가 글에 사용하는 사례들은 전통적 인류학의 그것과 매우 다르다. 예를 들어 태풍이 몰아치는 날씨, 숲과 황야를 하염없이 그리고 목적 없이 걷는 방랑자, 강을 건너려는 사람이 뱃사공을 부르는 모습, 순록과 함께하는 사미족 그리고 앙리 마티스(Henri Matisse)의 그림 <춤(La Danse)>에서 원형을 이룬 채 춤을 추는 사람들 등은 인류학적이지 않다. 그러나 '선'에 대한 잉골드의 인류학적 분석에서 그려지는 이러한 생생한 모습들은 섬세한 묘사 그 이상이다. 그것들은 문학적이며 시적이다.

다음과 같은 잉골드의 글귀는 말로 재현되는 것 너머에 있는 세계와의 조응을 강조하며 그의 반학제로서 인류학을 가장 잘 드러낸다.

종종 내가 열심히 쓰고 있을 때

갑자기 이런 소리가 들려온다.

'말은 이만하면 됐어.

이제 세계를 만나자.'

Often in the midst of my endeavours

Something ups and says,

'Enough of words.

Let's meet the world'.(Ingold, 2020a/2024: 311)

참고문헌

권헌익(2006). *After the Massacre: Commemoration and Consolation in Ha My and My Lai.* San Francisco: University of California Press. 유강은 옮김(2012). ≪학살, 그 이후: 1968년 베트남전 희생자들을 위한 추모의 인류학≫. 아카이브.

권헌익(2008). *Ghosts of War in Vietnam.* Cambridge: Cambridge University Press. 홍석준 외 옮김(2016). ≪베트남 전쟁의 유령들≫. 산지니.

권헌익(2010). *The Other Cold War.* New York: Columbia University Press. 이한중 옮김(2013). ≪또 하나의 냉전: 인류학으로 본 냉전의 역사≫. 민음사.

Ingold, T.(2000). *The Perception of the Environment: Essays on Livelihood, Dwelling and Skill.* London: Routledge.

Ingold, T.(2007). *Lines: A Brief History.* Cambridge: Polity. 김지혜 옮김(2024). ≪라인스: 선의 인류학≫. 포도밭.

Ingold, T.(2011). *Being Alive: Essays on Movement, Knowledge and Description.* London: Routledge.

Ingold, T.(2013). *Making: Anthropology, Archaeology, Art and Architecture.* London: Routledge.

Ingold, T.(2015). *The Life of Lines.* London: Routledge. 차은정 외 옮김(2024). ≪모든 것은 선을 만든다≫. 이비.

Ingold, T.(2018). *Anthropology: Why It Matters.* Cambridge: Polity. 김지윤 옮김(2020). ≪팀 잉골드의 인류학 강의≫. 프롬북스.

Ingold, T.(2020a). *Correspondences.* London: John Wiley & Sons. 김현우 옮김(2024). ≪조응: 주의 기울임, 알아차림, 어우러져 살아감에 관하여≫. 가망서사.

Ingold, T.(2020b). Thinking through the cello. In Bennett, J. &

Zournazi, M.(eds.). *Thinking in the World: A Reader*, pp. 202–222. London: Bloomsbury Academic.

Ingold, T.(2022). *Imagining for Real: Essays on Creation, Attention and Correspondence*. London: Routledge.

Ingold, T.(2023). *The Rise and Fall of Generation Now*. Cambridge: Polity

Ingold, T., Gibb, R., Tonner, P., & Malara, D. M.(2024). *Conversations with Tim Ingold: Anthropology, Education and Life*. Edinburgh: Scottish Universities Press.

Kwon, H.(2018). Return to animism. *Interdisciplinary Science Reviews, 43*(3–4), pp. 228–236.

차례

일러두기

- 인명, 작품명, 저서명, 개념어 등은 한글과 함께 괄호 안에 해당 국가의 원어를 병기했습니다.
- 외래어 표기는 현행 어문규정의 외래어표기법을 따랐습니다.

01
인간과 동물의 얽힘 관계

잉골드의 첫 번째 현지 조사는 핀란드 북부의 유목민인 사미족을 대상으로 이루어진다. 이 현지 조사 경험은 잉골드가 유목민과 동물 사이에 이루어지는 복잡한 얽힘 관계를 드러내는 데 기초가 된다. 이로써 잉골드는 당시 인간 중심적 관점에서 유목민과 동물의 관계를 분석하던 주류적 관점을 전복한다. 인간과 동물의 대칭적 관계를 분석함으로써 사미족과 순록 사이의 이해에 따른 지배 관계를 보여 준다.

사미족과 순록

1970년대 초반 잉골드는 인류학적 현장 연구를 위해 핀란드 북부로 향했다. 핀란드를 포함한 스칸디나비아 북부와 러시아 연방의 콜라반도 등 북극권 지역에 거주하고 있던 사미족을 연구하기 위함이었다. 사미족은 당시에도 여전히 수렵 채집 문화를 보존하면서 살고 있었으며, 전통적인 순록 사냥과 사육을 통해 생계를 유지하고 있었다.

현재 북극권 지역에 살고 있는 사미족의 인구는 약 13만 명으로 알려져 있다. 이들이 사용하는 언어는 사미어로, 핀란드어와 더불어 우랄 어족에 포함된다. 사미족은 자신들의 문화를 유지하기 위해 일종의 자치권을 갖고 언어와 풍습 그리고 문화를 유지하려 노력하는 과정에서 때로 핀란드나 스웨덴 등의 중앙정부와 충돌을 빚어 왔다. 최근 넷플릭스에 공개된 스웨덴 영화 <스톨른(Stolen)>(2024)은 스웨덴에 살고 있는 사미족에 대한 차별 문제, 순록을 죽이는 스웨덴인과 사미족의 긴장 관계를 다룬다. 주제는 약간 다르지만, 기본적으로 사미족과 순록 떼의 끈끈한 관계를 잘 보여 준다는 점에서 이 영화는 잉골드가 묘사한 사미족과 순록 떼의 역동적 관계를 살피는 데 큰 도움이 된다.

전통 사회의 생태 적응과 사회 진화는 인류학적 현장 연구의 전형적 주제였다. 인류학의 원형을 만드는 데 기여한 앨프리드 래드클리프브라운(Alfred Radcliffe-Brown)이나 폴란드 태생의 영국 인류학자 브로니슬라브 말리노프스키(Bronislaw Malinowski)가 남아시아의 벵골만이나 안다만제도 그리고 뉴기니 동부의 트로브리안드섬의 소규모 전통 사회를 연구했듯 잉골드도 기존의 인류학 연구 방식과 크게 다르지 않게 사미족의 전통 사회를 연구했다. 구조가 복잡한 현대 서구 사회와는 달리 단순하고 규모가 작은 전통 사회는 인간 사회의 기본적 특성을 파악하는 것이 훨씬 수월했기 때문이다.

이렇듯 사미족에 대한 잉골드의 현장 연구는 기존 현장 연구와 마찬가지로 인간 사회 속 다양한 제도의 형성 과정과 특성을 알기 위한 연구로 출발했다. 그러나 잉골드는 연구를 진행하면서 점차 인간 사회의 안정성과 익숙함에서 벗어나 새로운 관계를 인지하기 시작했다. 그 과정에서 잉골드는 현대 인류학의 핵심 방법 중 하나인 '어색하게 하기'를 정초했다. '어색하게 하기'는 익숙해서 보이지 않는 문화적 특성을 드러나게 하는 방법이다. 이는 현장 연구자로 하여금 일상화해 보이지 않는 사회의 특성을 인지할 수 있게 한다.

또한 잉골드는 사미족의 일원이 되어 그들의 일상생활

을 경험하면서 사미족의 삶이 인간 집단인 사미족 사회만으로는 온전히 설명되지 않는다는 점을 인식했다. 잉골드가 조사한 핀란드의 사미족은 이웃한 노르웨이의 사미족에 비해 훨씬 적은 순록을 소유하고 있었다. 그들은 생계를 유지하기 위해 사냥, 덫 놓기, 낚시, 열매 채집과 같은 활동을 해야 했으며 때로 임금을 받고 노동하기도 했다. 그럼에도 그들의 삶은 전적으로 순록의 이동과 얽혀 있었다. 잉골드는 사미족의 주요 관심사가 항상 순록과 관련되며, 자신의 연구 노트가 순록에 관한 이야기로 가득함을 발견했다. 이는 인간이 동물이나 사물 등 비인간과 결합하지 않고서는 제대로 된 사회적 삶을 유지할 수 없음을 보여 주었다. 아울러 그러한 이야기에서는 순록이 사미족 사회 활동의 부차적 요소가 아니라 사람처럼 묘사되었다. 순록이 자체적인 사회 조직을 형성하면서 인간의 요구에 어떻게 대응할지 결정하는 또 다른 주체로 나타난 것이다.

인간과 동물의 차이는 무엇인가

사미족에 대한 현장 연구는 잉골드가 인간과 비인간 그리고 사물과 환경을 바라보는 독특한 관점을 형성하는 데 결정적으로 이바지했다. 그 관점은 1974년 영국왕립인류학 연구소가 편찬하는 학술지 ≪인간(Man)≫에 발표한 "순록과 인간에 대하여(On reindeer and men)"에 잘 드러난다. 잉골드는 이 논문에서 순록과 사미족 둘 다 사회 집단을 형성하고 있으며 상호작용 과정에서 정치적·경제적 의사결정을 할 수 있게 하는 목표와 가치를 갖고 있다고 주장한다. 또한 인간 집단이 각기 다른 개성을 지닌 개인으로 이루어진 것처럼 순록 떼 역시 형태와 크기 그리고 성격 등 개별적 특성을 지닌 개체들로 이루어져 있다고 묘사한다.

잉골드는 이러한 생각을 바탕으로 순록 떼와 사미족의 얽힘 관계를 자세하게 묘사한다. 사미족 목부는 크고 튼튼한 순록을 원하기 때문에 좋은 목초지로 이동하고 순록 떼를 보호한다. 한편 순록 떼는 인간에게 다른 포식자로부터의 보호와 안전을 보장받으려고 한다. 하지만 이러한 관계가 유지되지 않고 붕괴하면 순록은 인간에게서 떠나고, 사미족 목부들은 통제권을 다시 확보하기 위해 더욱 강압적인 방법을 취한다. 이때 균형과 안정을 유지하면서 협력하던 공생 관계는 어느새 포식자와 피식자의 관계로 전환되고 순록은 사미족으로부터 벗어나기 위해 애쓰게 된다.

당시 학자 대다수는 인간과 동물이 공존하기 위한 조건을 일종의 '신뢰(trust)'에서 찾았다. 특히 그것을 순록처럼 유목민이 가축화해 돌보는 동물과 인간의 관계에 매우 중요한 요인으로 보았다. 그러나 잉골드는 현장 연구를 통해 생물종으로서 인간과 동물의 관계가 평화로운 '생태적 관계'로 일반화되는 데 문제가 있음을 느꼈다. 그 대신 잉골드는 인간과 특정 생물종 사이에서 '사회적 관계'를 찾아내려 한다. 잉골드에 따르면 사미족과 순록 떼의 관계는 양자의 이해관계에 따라 변화한다. 즉 이 둘의 관계는 '신뢰'에 근거한 관계라기보다는 이해관계에 의해 형성되는 '지배' 관계다.

"순록과 인간에 대하여"는 발표된 후 인류학계에서 비판의 대상이 되었다. 특히 노르웨이 최북단 지역에 살고 있던 카우토케이노(Kautokeino)족과 사미족의 관계를 연구한 사회인류학자 로버트 페인(Robert Paine)은 또 다른 사회 조직으로서 순록 떼에 대한 '인간화된' 묘사를 강력하게 비판했다. 인간들 사이에서 공유되는 이해관계와 공통의 이익에 기반한 관계 형성을 순록 떼에 확대 적용하는 것은 말도 안 된다는 비판이었다. 즉 페인은 인간과 동물의 관계가 근본적으로 '비대칭적'이라고 보았다. 이러한 생각은 잉골드의 목적과 정면으로 충돌한다. 잉골드가 인간과 순록의 '대칭적 관계'를 서술한 것은 인류학계가 지닌 인간중심주의적 편향과 오해를 비판하기 위함이었다.

페인이 인간과 동물의 비대칭성을 주장한 근거는 인간이 지닌 체계적 의사소통 능력이었다. 인간은 지식을 체계적으로 정리하고 의사소통할 수 있지만 순록은 그러지 못한다. 따라서 페인이 보기에 순록에게 인간과 같은 문화적 코드화 능력을 부여하는 것은 어불성설이었다(Paine, 1994). 그러나 잉골드가 사미족과 순록 떼를 상대화하는 대칭적 접근법을 취해 순록 떼를 '인간화된 형상'으로 그린 것을 강하게 비판하던 페인과 같은 인류학자들도 시간이 지나면서 잉골드의 이러한 혁신적인 접근법을 받아들일 수밖에 없었다. 예컨대 페인은 1994년 ≪툰드라의 순록 떼(Herds of the Tundra)≫에서 잉골드의 접근 방식을 받아들인다. 여기서 페인은 순록과 사미족 목부가 '상호 학습' 과정에서 서로의 질서와 행동을 배운다고 주장했다(Paine, 1994). 순록은 인간의 소리와 냄새를 통해 자신이 안전함을 인지한다. 사미족은 순록의 행동 패턴을 이해한다(Ingold, 2022).

인간 집단과 순록 떼에서 각각이 지닌 문화적 코드가 드러나는 방식에는 어떤 근본적 차이가 있을까? 순록도 인간처럼 감각적 존재고, 기억력에 의존해 지형과 환경을 인지하고, 서로의 목소리와 냄새 그리고 몸짓에 반응하는 존재라면 그 차이에 대한 분석은 당연히 인간과 순록에 대해 '대칭적'인 방식으로 이루어져야 할 것이다. 이 '대칭성'의 원칙은 "순록과 인간에 대하여"가 발표된 지 2년 만인 1976년 과학지식사회학이라는 새로운 학문 분야에서 제기되면서 과학사회학, 과학철학 그리고 과학사 분야에 엄청난 파장을 일으켰다(Bloor, 1976). 이후 1980년대를 거쳐 대칭성의 원칙이 더욱 심화하고 변화를 겪으면서 이른바 과학기술학(Science and Technology Studies)이 표방한 사회구성주의의 기반이 되었다는 사실을 염두에 두면 잉골드가 1974년에 보여 준 인간과 순록에 대한 '대칭적' 접근법이 얼마나 선구적이었는지 알 수 있다.

잉골드가 '대칭적' 접근법을 구상한 계기는 당시 인류학계에서 각광받던 이론인 거래주의에 대한 비판적 평가였다. 거래주의 이론에 따르면 인간들은 희귀한 재화를 확보하기 위해 상호작용하고 거래한다. 거래주의적 접근법은 경제학에서 말하는 합리적 개인의 이익 극대화를 위한 행동이 경제 영역을 넘어 사회 전반에 나타난다고 본다. 여기서 거래의 당사자들은 서로의 만족감을 위해 상호작용한다고 여겨지며, 경제적 교환뿐 아니라 사랑이나 우정과 같이 눈에 보이지 않는 것도 교환이라는 상호작용으로 이해된다(Ingold, 2018/2020: 133). 잉골드도 처음에는 사미족에 대한 현장 연구를 통해 새롭게 떠오르던 거래주의 이론을 확인하려 했다. 하지만 사미족과 순록 떼의 관계는 단순한 교환 관계로는 설명할 수 없었다. 개별 행위자 간 상호작용을 거래 관계에 기반한 이익 극대화 행위로 보면 동물과 인간의 관계를 제대로 설명할 수 없다. 그리고 동물과 인간 사이의 권력관계와 그것이 초래하는 변화를 제대로 설명할 수 없다.

사미족에 대한 잉골드의 현장 연구는 인간과 동물을 뚜렷하게 구분한 채 그 관계를 살피려는 연구자들의 경향에 명시적으로 반대한 시도다. 사회과학, 특히 사회학은 전통적으로 인간과 동물을 분명하게 구분하려 하지 않았다. 카를 마르크스(Karl Marx)나 막스 베버(Max Weber)와 같은 고전적 사회이론가들은 의도적으로 인간과 동물의 구분에 열린 태도를 보였다. 잉골드에 따르면 인간과 동물을 확연히 구분하려는 시도가 이루어진 것은 1930년대 탤컷 파슨스(Talcott Parsons)로 대표되는 기능주의가 득세한 이후다. 이때부터 인간과 동물의 모호했던 경계는 절대적 구분으로 변화했고, 이 구분은 신화처럼 포장되어 유지되었다(Ingold, Gibb, Tonner & Malara, 2024: 142).

사회과학에서 신화처럼 자리 잡은 인간과 동물의 절대적 경계를 무너뜨리는 데 중요한 역할을 한 이는 에스토니아 출신의 이론생물학자이자 생물기호학자인 야코프 폰 윅스퀼(Jakob von Uexküll)이다. 윅스퀼이 남긴 연구는 동시대에는 크게 관심을 끌지 못했지만 1980년대 이후 환경 안에서 살아가는 생물종에 관한 새로운 연구로 평가되면서 강력한 영향력을 행사했다. 윅스퀼은 인간의 기준으로 동물 세계를 판단하면 항상 오류를 저지르게 될 것이라고 경고한다. 각 생물은 각자의 자연의 산물이지 인간이 구축한 자연의 산물이 아니라고 주장한다. 즉 동물과 인간 모두 각자가 공유하는 시간과 공간인 움벨트(Umwelt)에 반응하는 것이라고 이야기한다(윅스퀼, 2012).

잉골드는 자신이 윅스퀼 이후 재구축된 인간과 동물의 구분법에 강하게 영향을 받았다고 인정한다. 그러한 구분법은 인간이 상징적 사고를 할 수 있는 특이한 능력을 갖추고 있음을 인정한다. 하지만 이와 동시에 인간뿐 아니라 동물도 의미 있는 환경에 서식한다고 본다. 문제는 이 의미를 구성하는 것이 무엇이며 상징이 부재한 상태에서 의미가 어떻게 구축되는지 밝히는 것이었다. 잉골드는 움벨트 개념에 기반한 윅스퀼의 접근법이 이 문제에 해답을 줄 수 있다고 확신했다(Ingold, Gibb, Tonner & Malara, 2024: 142). 그러한 접근법에 따르면 동물도 인간과 마찬가지로 인식하고 의도를 갖는 존재이지만, 인간과 달리 동물에게는 세계의 존재에 대한 언어적 상징을 통해 드러나지 않는 비상징언어적 의미가 있다.

잉골드에게 인간과 동물은 둘 다 자신이 처한 세계의 존재로서 자신의 존재를 구성하는 세계를 경험하는 존재다. 이들의 차이는 각기 다른 방식으로 나타나며 문화의 차이에 의해 형성된다. 모든 동물은 단지 살아 있기만 한 생명체가 아니다. 모든 동물은 살아가는 방식으로 이해되어야 한다. 언어는 인간에게만 속하는 특성이 아니며, 모든 언어는 그 자체로 하나의 과정이므로 언어 근본주의를 벗어나서 생각되어야 한다. 언어는 자신의 존재를 나타내는 방식이다. 단지 인간은 자신의 존재를 말로 표현하고, 개는 짖음으로써 표현할 뿐이다. 잉골드는 상징적 언어의 사용 여부로 인간과 동물을 구분하는 전통적 언어 근본주의에 강한 불만을 드러내면서, 인간과 동물의 차이는 상징적 언어를 어떤 방식으로 표현하는지에 따른 차이일 뿐 그 이상도 그 이하도 아니라고 주장한다.

참고문헌

야코프 폰 윅스퀼 지음, 정지은 옮김(2012). ≪동물들의 세계와 인간의 세계≫. 도서출판b.

Bloor, D.(1976). *Knowledge and Social Imagery*. Chicago: University of Chicago Press.

Ingold, T.(1974). On reindeer and men. *Man, 9*(4), pp. 523-538.

Ingold, T.(2018). *Anthropology: Why It Matters*. Cambridge: Polity. 김지윤 옮김(2020). ≪팀 잉골드의 인류학 강의≫. 프롬북스.

Ingold, T.(2022). *Imagining for Real: Essays on Creation, Attention and Correspondence*. London: Routledge.

Ingold, T., Gibb, R., Tonner, P., & Malara, D. M.(2024). *Conversations with Tim Ingold: Anthropology, Education and Life*. Edinburgh: Scottish Universities Press.

Paine, R.(1994). *Herds of the Tundra: A Portrait of Saami Reindeer Pastoralism*. Washington, D.C.: Smithsonian Institute Press.

02
사회성

인간과 동물에 대한 잉골드의 비근본주의적 입장은 브뤼노 라투르의 행위자 네트워크 이론을 비판하면서 강화된다. 특히 사회성에 대한 잉골드의 입장은 행위자 네트워크 이론의 주장과 사뭇 다르다. 잉골드는 인간과 동물을 분리해서 사고하는 방식을 넘어 이들 간 새로운 관계를 구축하려 한다.

응답하는 존재로서 인간과 동물

인류학에서 거래주의가 더 이상 설득력을 갖지 못할 즈음 인간과 동물에 대한 새로운 이론이 힘을 얻기 시작했다. 예컨대 1976년 심리학자 니컬러스 험프리(Nicholas Humphrey)는 인간을 포함한 영장류가 다른 동물들보다 높은 지능을 갖게 된 이유를 설명하는 '마키아벨리 지능 가설(Machiavellian intelligence hypothesis)'을 제기했다. 이 가설은 좀 더 지능이 높은 동물이 자신을 둘러싼 환경에서 생존에 필요한 먹이를 더욱 효과적으로 얻을 수 있다는 생각에 기반한다. 이 가설을 필두로 영장류에 대한 일련의 연구는 영장류 동물들이 작은 무리 안에서 전략적 선택을 하며 때로는 음모와 조작, 기만과 속임수를 사용하는 존재임을 발견한다.

1980년대에 영장류학자 셜리 스트럼(Shirley Strum)은 아프리카의 개코원숭이 집단에 관한 연구에서 영장류 사회에 대한 기존 설명이 주로 묘사한 단순한 위계와 복종의 관계 그 이상을 발견했다. 스트럼에 따르면 개코원숭이 암컷과 수컷 모두 경쟁과 협력의 정교한 전략을 사용하며, 여기에는 협상 과정이 포함된다. 즉 사회적 조작과 계산된 호의와 교환, 세련된 행동이 공격성이나 힘의 사용보다 앞선다.

이러한 개코원숭이 집단의 사회성은 고정된 사회 구조가 아니라 끊임없이 형성되는 과정처럼 보인다(Strum, 1987).

스트럼의 연구는 인류학계에서 큰 주목을 받은 동시에 논쟁의 대상이 되었다. 당시 스트럼의 작업에 주목한 사람 중 하나가 바로 과학기술학자이자 인류학자인 브뤼노 라투르(Bruno Latour)였다. 라투르는 스트럼의 연구 현장을 방문해 개코원숭이 집단의 행동을 직접 관찰하기도 했다. 라투르는 과학기술학 분야에서 인간-비인간의 비대칭적 관계 설정에 의문을 제기하며 비인간 행위자의 행위성에 주목한 학자였다. 1970년대 말에는 인류학자로서 미국의 소크연구소(Salk Institute)에서 연구자들의 연구 과정을 탐구한 뒤 그 유명한 ≪실험실 생활: 과학적 사실의 구성(Laboratory Life: The Construction of Scientific Facts)≫을 발표했다(Latour & Woolgar, 1986/2019).

이와 거의 비슷한 시기에 스트럼은 개코원숭이 집단에서 '사회성(sociality)'이 어떻게 형성되고 유지되는지 규명한 연구 결과를 발표한다. 라투르는 스트럼과의 협력 연구를 통해 영장류 연구 분야의 데이터를 확보했고, 이를 인간-비인간에 대한 대칭적 접근의 기반으로 삼았다(Latour & Strum, 1986; Strum & Latour, 1987). 라투르와 스트럼은 개코원숭이 집단을 '사회'로 규정했으며, 개코원숭이들이 사회를 구성하고 유지하는 데 이용하는 것은 오로지 자신들의 몸뿐이라고 주장했다.

스트럼과 라투르는 개코원숭이 집단에서 발견되는 '사회의 기원'을 고찰함으로써 인간과 동물의 차이를 정식화한다. 인간은 신체뿐 아니라 '언어, 상징, 물질적 대상'과 같은 외적 자원에 고정되어 있지만 개코원숭이 사회에는 오로지 자신과 타자의 신체만 존재한다. 그런데 신체는 불안정하고 변화하며 움직인다. 따라서 스트럼과 라투르는 만일 인간이 다른 외적 자원 없이 신체만으로 사회를 유지하려 한다면 지금과 같은 복잡한 사회 구조를 만들어 낼 수 없을 것이라고 결론 내린다. 또한 라투르는 프랑스의 철학자 미셸 세르(Michel Serres)와의 대담에서 인간과 동물의 차이가 바로 이 외적 자원, 즉 '도구의 사용'에 있음을 분명히 한다. 즉 인간 사회의 특징이 바로 '고정된 내구성 있는 실체'에 있다고 본다(Latour, 1992). 라투르에 따르면 인간은 수백만 년 동안 도구를 사용하면서 비인간과의 집합적 관계를 이루었다.

잉골드는 스트럼, 세르 그리고 라투르와는 조금 다른 입장을 제시한다. 잉골드의 문제 제기는 명확하다. 라투르를 위시한 행위자 네트워크 이론가들은 사회의 특성을 구성하는 중요한 요소에 동물 등 살아 있는 생명체를 포함하는 데 주저한다. 이에 따라 행위자 네트워크 이론이 표방하는 인간-비인간의 대칭적 결합에서 동물의 역할은 그다지 중요하지 않은 것처럼 보인다. 다시 말해 '모든 불안하고 변하기 쉽고 살아 있는 존재(비인간 포유류, 조류, 파충류, 물고기 또는 곤충)'는 논의에서 사라진 것처럼 보인다. 이들 존재가 사회적 네트워크에 등록될 유일한 방법은 '통합에 필요한 사회적 특징'을 부여받는 것뿐이다. 이는 곧 가축화와 같은 개조 과정이다(Ingold, 2012: 297).

이러한 근본적 문제 제기는 객체지향 존재론(Object-Oriented Ontology)을 주장하는 그레이엄 하먼(Graham Harman)에게서도 발견된다(Harman, 2009). 하먼에 따르면 인간과 비인간의 대칭적 관계를 재구성하려는 행위자 네트워크 이론가들의 선구적 노력에서도 여전히 인간 행위자는 비인간 행위자를 대리하는 대리자며, 네트워크의 중심에 서 있다. 예컨대 라투르의 분석에서 세균의 네트워크는 루이 파스퇴르(Louis Pasteur) 없이는 별다른 의미가 없는 것처럼 보인다. 이와 같은 맥락에서 잉골드는 행위자 네트워크 이론이 동물들의 네트워크 구축이나 사회성, 그것이 보이는 특이함을 간과하거나 저평가한다고 명확하게 지적한다.

한국 학자들과의 인터뷰에서 잉골드는 자신과 라투르

의 차이를 강조한다. 그러면서 라투르의 '대칭성'은 근본적으로 '비대칭적'이라고 지적한다.

> 그[라투르]는 개코원숭이와 같이 각자의 신체를 갖는 특정 대상에 관한 사회학적 탐구는 가능하지만, 인간에 대해서는 그것이 불가능하다고 주장합니다. 왜냐하면 인간은 그들과 달리 인간의 활동, 다른 모든 대상, 여러 종류의 사물들 그리고 종종 살아 있는 개체들과 그 유명한 행위자 네트워크를 만들기 때문입니다. 그래서 이 주장의 근저에는 사실 근대화의 신화가 자리 잡고 있습니다. 인간은 다른 비인간 존재를 대상화하고 이를 자신의 사회적 삶의 일부로 편입시킨다는 측면에서 선사 시대 이래 다른 어떤 창조물과도 구분된다고 봅니다. 다른 존재들은 그러지 않는다는 것이지요. 그러나 사실 이는 잘못된 주장입니다. 다른 존재들도 다 마찬가지입니다.… 이는 라투르가 말하는 소위 인간과 비인간의 대칭성, 인간과 비인간 사이의 균형이 인간성이라는 예외적 개념의 주위를 맴돌고 있다는 것을 의미합니다. 그는 인정하지 않지요. 하지만 이는 그의 주장의 핵심 요소입니다.(박효민·천명선, 2022: 205-206)

잉골드가 1970년대 초반에 살핀 사미족 목부와 순록의 관계는 라투르와 스트럼이 개코원숭이 집단에서 발견한 사회성을 넘어서는 상호작용 방식을 보여 준다(Ingold, 1974). 라투르에 따르면 개코원숭이나 순록은 사회적 관계를 안정화하는 불변의 고정적 비인간 행위자(예를 들어 물질적 도구)를 갖지 못해 불안정하고 유동적인 특징을 띤다. 그러나 잉골드는 라투르가 변화 가능성/불변성의 이분법이라는 또 다른 틀에 빠져 있다고 지적한다. 그 대신 잉골드는 사회를 유지하는 매개로서 '장소(place)'를 제시한다.

잉골드는 사미족과 순록의 관계를 통해 수많은 생물이 보여 주는 고정된 장소로의 회귀 그리고 부화·양육의 과정에서 나타나는 장소와 경관(landscape)이 네트워크를 안정화하는 고정 요인으로 작동함을 밝힌다[이 요인들은 호주 원주민의 토템 풍경이나 알래스카 원주민 코유콘(Koyukon)족의 고향 개념에서도 발견된다]. 다시 말해 잉골드는 비인간 행위자로서 동물과 식물이 잘못 취급되었다고 역설한다(Ingold, 2022). 고정성, 지속성, 배치의 특성과 유동성, 변화 가능성, 불안정성을 이분법적으로 분리하면 동물은 침입자이자 주변 존재로 간주될 수밖에 없고 인간과 비인간 간 대칭적 관계의 구성원이 될 수 없다.

잉골드는 사미족과 순록 떼에 관한 연구에서 순록의 행위성을 구체적으로 서술한다. 순록은 자신들의 공동체에 속해 있고, 자신들의 조직을 갖고 있으며, 인간의 존재와 요구에 대해 어떻게 응답할지 스스로 결정을 내리는 존재다. 잉골드에 따르면 순록은 지능이 높고 상당한 수준의 기억력을 갖고 있으며 사회적으로 조직적이다. 언어 능력, 이성적 사고, 상징적 상상력이 부족해 보일 수 있지만 인간의 관점에서 그렇게 보일 뿐이다. 잉골드는 순록과 인간이 각각 상호 영향을 미치는 집단을 구성한다고 서술한다. 이들 집단은 상호 관계를 구성하며 정치적·경제적 결정을 내릴 때 각각의 목표와 가치를 고려한다.

어포던스

1970년대와 1980년대의 생태인류학은 인간이 아닌 존재의 삶이 전적으로 유기적 자연의 경계 안에 머무르며, 오직 신화 혹은 신앙·의례의 대상일 경우에만 인간의 문화세계에 참여할 수 있다고 생각했다. 즉 당대의 생태인류학은 의미로서 동물과 자연물로서 동물의 관계에 주로 관심을 기울였다. 하지만 잉골드는 이런 이중적 태도와 분리가 지속될 수 없다고 생각했다. 사미족 사람들과 순록들처럼 인간과 비인간이 이 세계 공통의 거주자로서 서로의 행위를 통해 형성되며 서로의 주변 관계 속에 있음을 깨달았기 때문이다(김기흥·주윤정, 2022: 187).

이러한 논의를 확장하려면 인식(perception)에 대한 대안적 이론이 필요했다. 따라서 잉골드는 인식을 감각 데이터에 적합한 방식으로 보는 대신 생동적 동물 내에서 열리는 인식 세계를 다루는 이론에 주목했다. 그중 하나가 제임스 깁슨(James Gibson)의 생태심리학적 논의다. 깁슨은 전체 유기체가 움직이며 환경을 탐색하는 과정에 주목했다. 어포던스(affordance)라는 개념을 통해 "행위자와 환경의 관계, 혹은 이 둘의 관계 속에 존재하는 행위의 가능성"을 탐구했다. 즉 인식 행위란 환경이나 대상을 인지하고 재현하는 과정이라고 보는 전통적 방식에서 벗어나 그것을 생명 활동 자체가 환경 안에서 상호작용하며 끊임없이 환경을 만들어 내고 그 환경이 사람을 만들어 내는 과정으로 파악했다(Ingold, 1992; 1993). 요컨대 깁슨에게 인식이란 인간이든 비인간이든 모두 세계에 살아 있고 세계에서 움직인다는 점을 발견해 그것에 관심을 기울이며, 그러는 과정에서 무언가 기여하는 일을 의미한다. 이런 어포던스적 시각에 따르면 생명은 세계와의 직접적이고 매개되지 않은 관계를 열어 주고, 이런 열림을 통해 세계는 환경이 된다(Ingold, 2018b).

전통적으로 생명체는 환경 속에서 기호에 의해 매개되지 않고서는 의미를 형성할 수 없다고 여겨져 왔다. 더욱이 기호 과정(semiosis)을 공유하지 않는 생물종 사이에서는 의미가 형성되거나 공유될 수 없다고 간주되었다. 한편 어포던스 개념은 여러 생물종 사이에 의미 교환과 공유의 길을 열어 준다. 생명체마다 인식 방식이 다른 이유는 각 생명체가 자신이 속해 있는 환경에서 할 수 있는 행동들에 대한 응답, 그 응답에 참여하는 과거의 경험에 의해 조율(attune)되고 있기 때문이다. 따라서 잉골드는 기존 이분법적 접근에서 벗어나 의미와 자연의 관계 속 인식을 새롭게 조명하는 어포던스 이론을 받아들였다.

잉골드는 인간의 짓, 동물의 짓에 대한 인식론을 발전시키고 자연/문화의 이분법을 넘기 위해 생물기호학(biosemiotics)에 주목한다. 생물기호학은 윅스퀼이 제안한 학문으로, 모든 살아 있는 존재가 의미 세계 즉 움벨트에 거주한다고 본다. 즉 "동식물 유기체들이 본능 즉 생물학적 알고리즘에 따라 외부 자극에 반응하는 수동적 존재들이 아니라 오히려 적극적으로 자신들의 환경을 구성해 나가는 유기체로서 이 교환 과정에서 '창조적 역할'을 맡는다"는 것을 인식한다(박일준, 2020: 250). 이러한 생각은 생태현상학과도 연결된다. 모리스 메를로퐁티(Maurice Merleau-Ponty)

의 ≪지각의 현상학(Phénoménologie de la perception)≫은 인식이 환경에 신체적으로 침윤된 채 형성되는 지각이라는 점에서 출발한다. 그동안 인식은 마음의 작동으로 간주되어 왔지만, 윅스퀼과 메를로퐁티의 관점을 따르면 다른 인식의 가능성이 드러난다.

잉골드에 따르면 인식은 환경에 참여하면서 형성되지, 마음의 작동으로 발생하는 것이 아니다. 창조 역시 어떤 선험적 이미지를 구현하는 일이 아니라 실재를 상상하는 일(imagining for real)로, 그 과정에서 사물들과 관념들이 우리가 아는 방식으로 생성된다. 창조성은 창의성의 외재적 표현이 아니다. 그것은 점진적(crescent)이다. 상상하기(imagining)는 세계에 주거함으로써 가능해지며, 창조되는 것이 아니라 점진적으로 만들어진다. 이런 세계에는 지속적 생성, 지속적 창조가 있고, 이런 세계에서는 관심을 기울이는 것(attention)이 중요하다(Ingold, 2022).

잉골드는 인간과 동물 사이의 대칭적 관계를 복원하는 과정에서 프랑스의 철학자이자 생태인류학자인 도미니크 레스텔(Dominique Lestel)의 작업에 주목한다. 고정적이고 지속적인 배치의 특성을 띠는 인공물을 비롯한 비인간 행위자의 역할에 집중해 온 라투르와 달리, 레스텔은 인간의 삶이 유동적이고 변화 가능하며 불안정한 모든 존재와

필연적으로 얽혀 있다고 주장한다. 이러한 얽힘은 의미와 이해관계 그리고 정동(affects)을 공유한다. 즉 레스텔은 동물을 의인화해 동물에게서 인간을 보거나 인간을 동물로 보는 기존 접근과 달리, 서로의 차이를 인정하고 인간과 동물이 서로 다른 방식으로 지적 존재임을 인정할 방법을 찾는다(Lestel, Brunois & Gaunet, 2006). 서로의 차이를 인정한다는 것은 인간이 꼭 비인간 행위자의 대변인 역할을 할 필요는 없음을 시사한다. 모든 존재는 얽힘의 관계에 있으며 공동체 안에서 자신들이 하고자 하는 일을 한다. 서로가 무엇을 하는지 인간의 상징 언어(symbol)를 사용해 대신 말해 줄 필요가 없다. 이러한 주장은 에두아르도 콘(Eduardo Kohn)이 아마존의 루나(Runa)족에 관한 현장 연구에 근거해 제안한 상징 언어를 넘어선 소통의 방식, 즉 지표적(indexical)이고 아이콘적(iconic)인 준거를 통한 소통 방식과 일맥상통한다(Kohn, 2013).

대변인의 언어인 상징 언어에 대한 의존을 넘어서는 차이와 얽힘의 소통 방식은 무엇일까? 잉골드는 대명사 형태의 행위자 대신 우리가 행동하는 방식에 근거한 동사로서 행위자를 지칭하는 방식을 제안한다. 인간이 행위성을 띨 수 있는 이유는 인간이 인간의 행동을 하기 때문이다. 좀 더 쉽게 이야기하자면 인간은 '인간의 짓'을 한다(이를 잉골드는 영어로 'humaning'이라 부른다). 개코원숭이는 개코원숭이의 짓(babooning)을 하고 순록은 순록의 짓(reindeering)을 한다. 이러한 서술은 동물을 단순히 인간을 위한 물질-기호적 대리인(material-semiotic surrogates)으로 보는 것이 아니라 자기 삶과 이야기를 지닌 그대로의 존재로 보는 방식이다.

여기서 잉골드는 인간과 비인간 사이 계몽주의적 대분기가 이루어지기 전 스페인에서 활약했던 신학자이자 철학자인 라몬 율(Ramon Llull)의 주장을 도입한다. 율에 따르면 인간의 특성은 '인간의 본질' 또는 '인간이라는 것'과 관련되지 않는다. "인간은 인간의 짓을 수행하는 것이다(human is humaning)."(Ingold, 2022: 315) 율이 도달한 이러한 결론은 그가 이슬람 문화와 기독교 문화가 공존하던 스페인의 마요르카에서 활동하면서 얻은 영감에서 비롯한다. 율에게 사물이란 특별한 본질에 대한 것이 아니라 그것이 행하는 것이다. 즉 사물은 명사형으로 표현되는 것이 아니라 '동사'로 표현된다. 율은 인간을 동사형으로 표현하기 위해 '인간화하다(humanify. 라틴어로 homificare)'라는 개념을 제안한다. 이 개념은 인간을 인간이라는 특성이 각인되도록 디자인된 선험적 조건에 따라 주어진 존재가 아니라 공동의 삶 안에서 끊임없이 주조되는 생산적 성취 과정으로 본다. 이에 따르면 인간은 근대적 과학에 의해 반쯤은 생물학적이고 반쯤은 문화적인 혼종물로 주어진 것이라기보다는 끊임없이 문제를 해결하고 수행하면서 즉흥적으로 자신을 만들어 내는 존재다. 율은 인간을 한 문장으로 표현한다. "인간은 인간으로 행동하는 동물이다(Homo est animal homificans)."(Ingold, 2020/2024: 222)

인간과 동물의 차이점과 동물 나름의 행동 방식을 인정하고, 인간중심적 사고방식을 제거한다면 우리는 어떻게 상호 소통할 수 있을까? 잉골드는 이 질문에 답하기 위해 도나 해러웨이(Donna Haraway)의 유명한 반려종 논의를 언급한다. 해러웨이는 무엇인가 된다는 것(becoming)은 접촉 영역에서 항상 함께 되고 있음을 의미한다고 말한다(Haraway, 2008). 단독자로서 어떤 주어진 본성이나 특성을 갖고 태어나는 일은 없다. 끊임없이 다른 존재(타자)와 함께 무엇인가 되는 과정이 있을 뿐이다. 사미족은 머릿속에 순록이 함께하는 채로 자라고 순록 역시 사미족 목부의 냄새와 소리를 느끼며 성장한다. 따라서 사미족과 순록은 서로를 인지한다.

벨기에의 철학자 뱅시안 데스프레(Vinciane Despret)는 스트럼의 개코원숭이 연구를 재평가하면서 영장류학자로서 스트럼이 개코원숭이와 함께 생각했으며 자신의 인식을 개코원숭이와 일치시키는 부분적 연결을 통해 유사성을 구성했다고 설명했다(Despret, 2013). 이는 개코원숭이가 스트럼의 삶에서 정서적 중심이 되었음을 의미한다. 인간과 동물은 끊임없이 함께 인식을 조율한다(attune with). 조율 과정은 살아 있는 인간과 비인간 신체의 부분적 친연성을 구성한다. 이 과정은 언어 상징으로 표현할 수 있는 영역이 아니다. 따라서 잉골드는 그것을 '조응(correspondence)'으로 개념화한다(Ingold, 2022: 307).

조응의 핵심은 삶이 고정된 지점이나 위치에 국한되지 않고 복수의 선들, 가벼운 멜로디와 음악적 대위법에 따른 다양한 질감으로 계속 차별화된다는 데 있다. 잉골드는 이를 틈새 차별화(interstitial differentiation)라고 부른다. 틈새 차별화란 차이 속에서 함께 살아가는 것이다. 즉 서로 대면하고 있는 다양한 존재들이 함께 서로 조응하는 관계를 만들어 가는 것이다(Ingold, 2022).

참고문헌

김기흥·주윤정(2022). "인간과 동물의 조응(Correspondence): 팀 잉골드의 인간너머의 인류학". ≪과학기술학연구≫, 22(2), 184-193쪽.

박일준(2020). "생물기호학으로 조망하는 종교적인 것의 가능성: 공생하는 해석자들의 공동체로서 종교적인 것". ≪종교연구≫, 80(2), 245-278쪽.

박효민·천명선(2022). "팀 잉골드와의 인터뷰". ≪과학기술학연구≫, 22(2), 194-211쪽.

Chrulew, M. et al.(eds.)(2019). *The Philosophical Ethology of Dominique Lestel.* London: Routledge.

Despret, V.(2013). Responding bodies and partial affinities in human-animal worlds. *Theory, Culture & Society, 30*(7-8), pp. 51-76.

Haraway, D.(2008). *When Species Meet.* Minneapolis: University of Minnesota Press.

Harman, G.(2009). *Prince of Networks: Bruno Latour and Metaphysics.* London: Re.Press.

Ingold, T.(1974). On reindeer and men. *Man, 9*(4), pp. 523-538.

Ingold, T.(1992). Culture and the perception of the environment. In Croll, E. & Parkin, D.(eds.). *Bush Base, Forest Farm: Culture, Environment and Development*, pp. 39-56. London: Routledge.

Ingold, T.(1993). The temporality of the landscape. *World Archaeology, 25*(2), pp. 152-174.

Ingold, T.(2012). Toward an ecology of materials. *Annual Review of Anthropology, 41*, pp. 427-442.

Ingold, T.(2018a). *Anthropology: Why It Matters.* Cambridge:

Polity. 김지윤 옮김(2020). ≪팀 잉골드의 인류학 강의≫. 프롬북스.
Ingold, T.(2018b). Back to the future with the theory of affordances. *HAU: Journal of Ethnographic Theory, 8*(1/2), pp. 39-44.
Ingold, T.(2020). *Correspondences.* London: John Wiley & Sons. 김혀우 옮김(2024). ≪조응: 주의 기울임, 알아차림, 어우러져 살아감에 관하여≫. 가망서사.
Ingold, T.(2022). *Imagining for Real: Essays on Creation, Attention and Correspondence.* London: Routledge.
Kohn, E.(2013). *How Forests Think: Toward an Anthropology Beyond the Human.* San Francisco: University of California Press. 차은정 옮김(2018). ≪숲은 생각한다: 숲의 눈으로 인간을 보다≫. 사월의책.
Latour, B.(1992). Where are the missing masses? The sociology of a few mundane artifacts. In Bijker, W. E. & Law, J.(eds.). *Shaping Technology/Building Society: Studies in Sociotechnical Change,* pp. 225-258. Cambridge, MA: MIT Press.
Latour, B. & Strum, S.(1986). Human social origins: Oh, please, tell us another story. *Journal of Social and Biological Structures, 9,* pp. 169-187.
Latour, B. & Woolgar, S.(1986). *Laboratory Life: The Construction of Scientific Facts.* Princeton: Princeton University Press. 이상원 옮김(2019). ≪실험실 생활: 과학적 사실의 구성≫. 한울.
Lestel, D., Brunois, F., & Gaunet, F.(2006). Etho-ethnology and ethno-ethology. *Social Science Information, 45*(2), pp. 155-177.

Strum, S.(1987). *Almost Human: A Journey into the World of Baboons.* London: Elm Tree.

Strum, S. & Latour, B.(1987). Redefining the social link: from baboons to humans. *Social Science Information, 26*(4), pp. 783-802.

03
조응의 인류학

조응은 잉골드 인류학의 핵심 개념으로, 끊임없이 함께 되어 가는 과정을 의미한다. 사회과학에서 사회 구성원들 사이의 '상호작용'은 상호작용 주체의 근본적 변화를 의미하지 않는다. 하지만 관계는 항상 변화를 일으키고, 이 끊임없는 변화를 통해 주체 또한 변화한다. 조응은 이러한 유동적 존재들 간 관계를 표현하기 위해 고안된 개념이다. 이는 단지 인간과 인간 사이의 관계를 표현하기 위한 개념이 아니다. 인간과 비인간 행위자의 관계 또한 '되기'의 과정이며 조응의 과정이다.

조응

잉골드의 인류학은 한마디로 "조응의 인류학"으로 표현할 수 있다. 조응이라는 개념이 갖는 힘은 잉골드의 인류학 연구 전체를 관통한다. 잉골드는 인간에 관한 전통적 연구에서 동물에 관한 연구로, 나중에는 인류학적 주제라기에는 다소 의아한 영역인 선에 관한 연구로 이행했는데, 이 과정에서 '조응'은 매우 중요한 역할을 한다.

조응 개념은 인간, 동물, 사물 그리고 환경을 이어 주는 일종의 교차로로 기능한다. 조응을 이해하면 잉골드가 말하는 세계와 존재의 특성을 알 수 있다. 조응은 사회과학에서 흔히 사용되는 '상호작용(interaction)'과 반대되는 개념이다. 잉골드에 따르면 상호작용의 당사자들은 이미 자기 정체성과 행위의 목적이 정해져 있으며, 이들의 관계는 이해관계에 의해 결정된다. 이들은 거래하듯이 교류한다. 여기서 중요한 것은 상호작용 과정에 참여하는 당사자들의 본질이 변형되지 않는다는 사실이다. 이들 사이에 존재하는 차이는 상호작용 이후에도 변하지 않는다. 이때 전제되는 것은 상호작용에 참여하는 당사자들을 고정되고 변하지 않는 특정한 실체로 바라보는 관점이다.

잉골드는 이러한 고정성을 완전히 전복한다. 모든 것은

과정이며 물 흐르듯 유동적이다. 시간이 지나면 동일한 것은 아무것도 없다. 예를 들어 나는 매일 오르는 동네 뒷산이 변함없이 같다고 인식한다. 그러나 어제 오른 산이 내일도 같은 것은 아니다. 생각해 보면 산의 모습은 시간이 지나면서 항상 바뀐다. 봄이 되면 진녹색의 물오른 새싹이 돋아나면서 산 전체가 진녹색으로 변화한다. 그리고 갖가지 다양한 꽃이 피고 지면서 산의 색깔과 형태가 완전히 달라진다. 폭염이 지나고 가을이 오면 산은 한순간 붉게 물든다. 어느새 그 붉은 산의 모습은 눈에 덮인 설산의 모습으로 변화한다. 즉 변화하지 않는다고 생각되는 존재도 끊임없이 변화하고 유동한다. 그 변화와 유동성은 나와의 조응을 통해 나타난다. 나도 그 변화의 일부분이기 때문이다. 당연한 이야기지만 산을 오르는 나 자신도 어제와 오늘 완전히 동일한 것은 아니다.

이렇듯 실체들이 고정된 것이 아님을 간파하고 그 사이에서 형성되는 관계를 파악하는 것이 잉골드의 목적이었다. 조응은 실체가 고정되어 있지 않은 당사자가 "어우러져 나아가는(going along) 일이다". 상호작용에서 조응으로의 전환은 "존재자와 사물 간 관계를 사이(between-ness)에서 와중(in-between-ness)으로 재정립하는 근본적 변화를 수반한다"(Ingold, 2020/2024: 33). 잉골드는 조응의 특징을 세 가지로 정리한다. 첫째, 조응은 항상 계속 이어지는 과정이다. 둘째, 조응은 다양한 가능성에 열려 있다. 조응은 정해진 목적이나 결론을 향해 나아가는 것이 아니며 모든 말과 행위가 꼬리에 꼬리를 문다. 셋째, 조응은 대화적이다(dialogical). 대화적 성격의 조응은 무엇인가? 그것은 완전히 고정되려 하는 것을 막으면서 과정을 이어 가게 하는 중요한 요소다. 잉골드는 인터뷰에서 조응을 다음과 같이 설명한다.

> 예를 들어 [조응은] 하나의 대상이 다른 대상과 짝을 이루는 것을 의미하지 않습니다. 그것은 다른 개념이죠. 제가 말하려는 것은 구체적으로 존재가 다른 존재와 어울린다는 의미, 존재가 응답한다는 의미입니다. 따라서 [조응은] 예를 들어 음악적 대위법과 비슷합니다. 당신은 합창단이 소프라노, 바리톤, 베이스, 알토 등 서로 다른 부분으로 이루어져 있으며 이것들이 조응한다는 것을 생각해 볼 수 있습니다. 그들은 서로에게서 구분되며, 서로에게 반응(respond)합니다. 따라서 이것은 리듬에 맞춘 상호 반응의 움직임입니다. 다른 예로는 두 사람이 나란히 길을 걷고 있는 상황을 생각해 볼 수 있습니다. 만일 그들이 서로 보고 있다면 그들은 다른 어느 곳으로 갈 수 없습니다. 그들은 충돌하겠지요. 하지만 그들

은 나란히 걷고 있기 때문에 서로 대화할 수 있고, 제 생각에는 조응하고 있습니다.(박효민·천명선, 2022: 199)

잉골드는 조응을 설명하기 위해 그것을 상호작용과 대비한다. 이와 매우 유사한 구도가 페미니스트 과학기술학자인 캐런 바라드(Karen Barad)의 '내부-작용(intra-action)' 개념에서 나타난다. 내부-작용은 행위적 실재론의 중요한 개념으로, 얽혀 있는 행위성의 상호 구성을 의미한다. 바라드는 잉골드와 마찬가지로 상호작용이 이미 존재하는 '독립 개체들을 전제하는 용어'라고 본다. 따라서 바라드는 '작용' 앞에 '상호(inter-)' 대신 '내부(intra-)'를 붙인다. 그 다음 개별 행위성(agency)은 미리 존재하는 것이 아니라 내부-작용을 통해 창발한다고 설명한다(박신현, 2023: 2-3).

하지만 잉골드는 바라드의 주장에 부분적으로만 동의하며, 앞뒤로 움직이는 형식이 아니라 안팎으로 들어가고 나오는 형식을 취하는 내부-작용 개념에 대해 비판적이다. 잉골드에 따르면 내부-작용이 상호작용을 180도 전복하는 반면, 조응은 90도 정도 전복한다. 즉 잉골드는 바라드의 내부-작용 개념이 '어우러져 나아가는' 느낌뿐 아니라 상호 반응성을 잡아내지 못한다고 비판한다(Ingold, Gibb, Tonner & Malara, 2024: 161).

함께 되어 가기

조응은 인간과 인간 사이에서만 일어나는 것이 아니다. 인간과 동물 또는 인간과 사물 사이 비언어적 조율 과정에서도 나타나는 현상이다. 조응은 서로 붙잡아 얽힘이 발생하는 과정이다. 이는 어떤 상태가 존재한다는 것(being)을 의미하지 않는다. 어떤 상태가 되어 가는 것(becoming)을 의미한다. 조응은 상호침투적 관계를 구축하면서 서로 얽히는 과정에 대해 이야기한다.

조응 개념은 해러웨이가 이야기한 실뜨기(string figure)를 연상시킨다. 해러웨이는 ≪트러블과 함께하기(Staying with the Trouble)≫에서 '공산(sympoiesis)'이라는 개념을 제시하며 함께 만들어 가는 과정을 논의한다. 그러면서 인간과 비인간 동물의 관계인 반려종에 대해 설명한다. 반려종은 서로 얽혀 있어 함께 살아가는 관계를 표현한다(Haraway, 2016). 해러웨이는 이 관계를 실뜨기로 형상화한다. 실뜨기는 혼자 할 수 없는 행동이다. 주체와 상대가 끊임없이 바뀌고 서로 영향을 주고받는 관계다. 실뜨기는 각기 다른 무늬를 만들어 낸다. 그리고 실뜨기를 하는 동안 그 결과는 예정되지 않으며 한쪽에서 실을 놓아 버리지 않는 한 지속된다. 이는 목적적이지도 지향적이지도 않다.

실뜨기는 우연의 연속이면서 닫히지 않는 다른 선의 모습을 드러낸다. 잉골드는 해러웨이가 제시한 '함께 되어 가는(becoming with)' 과정을 조응 개념 안에 담아내려고 시도한다.

조응은 마치 서로의 손을 잡는 것과 같다. 손을 맞잡으면 손바닥이 만나고 손가락이 갈고리 모양으로 구부러져 얽히게 된다. 이러한 관계는 프랑스의 인류학자이자 사회학자인 마르셀 모스(Marcel Mauss)가 제시한 "선물 교환" 행위와 유사성을 드러낸다. 선물을 준다는 것은 나의 의지와 의도를 타인에게 스며들게 하는 방식이다. 계속해서 선물 교환이 이어지는 한 그 관계는 '상호침투성(interpenetration)'을 띤다(Mauss, 1954). 이러한 선물 교환 과정은 어떤 목적을 성취하기 위한 행동이 아니라 유동적이고 삶을 융합하는 관계를 보여 준다. 잉골드는 선물 교환에 대한 모스의 인류학적 분석에서 바로 이러한 조응의 특징을 찾아낸다. 그 특징이란 단순히 관계가 지속되면서 무엇인가 단순히 더해지는 것이 아니다. 조응의 관계는 "대위적"이다. 즉 서로에게 응답하고 반응함으로써 함께 응답하는 것(co-respond)이다. 조응은 단순히 사회적 삶의 단면을 가로지르는 것이 아니라 그 흐름을 따라가는 과정이다(Ingold, 2016: 14).

잉골드는 조응을 인간과 비인간 동물의 관계에도 적용

한다. 조응은 해러웨이가 말한 '함께 되어 가는 것'이다. 함께 되어 가는 관계는 인간에게만 해당하지 않는다. 인간이든 동물이든 이들은 모두 "되었던" 존재고 이들이 "되었던 것"은 항상 누구와 함께 있었는지에 따라 결정된다. 즉 함께 되어 가는 대상에 따라 조응은 다르게 나타난다. 잉골드가 경험한 사미족과 순록의 관계에서도 이러한 조응 관계가 명확하게 드러난다. 사미족에게 순록이 중요한 이유는 이들이 함께 생활했기 때문이다. 마찬가지로 순록은 사미족의 소리와 냄새에 익숙한 상태로 자라 왔다.

동물과 인간의 관계를 탐구하는 철학자 데스프레는 스트럼이 개코원숭이들을 연구하며 그들과 "함께 생각하려 했다"고 주장했다. 즉 "스트럼은 자신의 인식을 그들의 인식에 맞추고, 자신의 몸을 그들과 부분적으로 연결하는 방식으로 개코원숭이와 '조응'했다"고 말했다(Despret, 2013). 잉골드는 인류학 연구가 다른 생명체와의 조응을 배우는 일이라고 정의한다. "목부가 평생 그의 무리에게서 배우듯이, 나 또한 잠깐이지만 그 목부에게서 배웠다. 스트럼 또한 개코원숭이들 사이에서 인류학자로서 그들과 함께 공부하고 그들과 조응하는 방식을 실천하려고 했다."(Ingold, 2022: 308)

참고문헌

박신현(2023). ≪캐런 바라드≫. 커뮤니케이션북스.

박효민·천명선(2022). "팀 잉골드와의 인터뷰". ≪과학기술학연구≫, 22(2), 194–211쪽.

Despret, V.(2013). Responding bodies and partial affinities in human–animal worlds. *Theory, Culture & Society, 30*(7–8), pp. 51–76.

Haraway, D.(2016). *Staying with the Trouble: Making Kin in the Chthulucene.* Durham: Duke University Press. 최유미 옮김(2021). ≪트러블과 함께하기: 자식이 아니라 친척을 만들자≫. 마농지.

Ingold, T.(2011). *Being Alive: Essays on Movement, Knowledge and Description.* London: Routledge.

Ingold, T.(2016). On human correspondence. *Journal of the Royal Anthropological Institute, 23*, pp. 9–27.

Ingold, T.(2018). *Anthropology: Why It Matters.* Cambridge: Polity. 김지윤 옮김(2020). ≪팀 잉골드의 인류학 강의≫. 프롬북스.

Ingold, T.(2020). *Correspondences.* London: John Wiley & Sons. 김현우 옮김(2024). ≪조응: 주의 기울임, 알아차림, 어우러져 살아감에 관하여≫. 가망서사.

Ingold, T.(2022). *Imagining for Real: Essays on Creation, Attention and Correspondence.* London: Routledge.

Ingold, T., Gibb, R., Tonner, P., & Malara, D. M.(2024). *Conversations with Tim Ingold: Anthropology, Education and Life.* Edinburgh: Scottish Universities Press.

Lestel, D.(2002). The biosemiotics and phylogenesis of culture. *Social Science Information, 41*(1), pp. 35–68.

Lestel, D., Brunois, F., & Gaunet, F.(2006). Etho-ethnology and ethno-ethology. *Social Science Information, 45*(2), pp. 155-177.

Mauss, M.(1954). *The Gift.* London: Routledge & Kegan Paul.

04

참여관찰과 민족지

잉골드는 인류학에서 확산하고 있는 방법론인 민족지에 대해 매우 비판적인 입장을 견지한다. 단, 잉골드가 민족지를 전적으로 거부하는 것은 아니다. 민족지 현장 연구에서 나타날 수 있는 제삼자 시점에서의 거리 두기와 대상을 일반화하는 방식을 비판한다. 잉골드는 그 대안으로 참여관찰에 근거한 조응의 인류학을 제안한다. 현장 연구 중 관찰 대상과의 끊임없는 조응 과정에서 일어나는 현상을 강조한다. 참여관찰은 대상과 '함께하는' 과정이다.

민족지의 문제

조응의 인류학은 인류학계에서 끊임없이 반복적으로 재생산되는 흐름, 즉 '민족지'를 인류학의 주요 방법론으로 강조하는 경향과는 사뭇 다르다. 민족지는 "우리가 아닌 타자들의 삶을 세심하게 관찰하고 오랜 경험에 기반해 정확성과 민감성을 바탕으로 묘사하는 방법이다"(Ingold, 2011: 119). 잉골드는 이 민족지적 연구 방법에 대해 비판적 입장을 견지한다. 문화인류학 또는 사회인류학에서 민족지가 가장 지배적인 방법이 되고 있으며 과도하게 남용되고 있다고 비판한다. 잉골드에 따르면 어느새 민족지적 방법은 인류학 연구의 핵심으로 여겨지게 되었고, 인류학과 민족지는 구분할 수 없을 정도로 그 경계가 모호해졌다.

잉골드에게 민족지학과 인류학은 동일한 학문 영역이 아니다. 민족지는 개별적 탐구 방식으로 특정 대상을 연구하고 이에 대해 기록하는 작업이다. 직접적 관찰에 기반한 회고적 서술 방식에 근거한 연구다. 반면 인류학은 법칙 지향적 과학의 영역이라고 할 수 있다. 아울러 잉골드는 민족지 연구의 핵심인 제삼자로서 연구자가 현장에 뛰어들어 거리를 두고 관찰하는 방식에 문제를 제기한다. 그러한 연구자는 마치 그림을 그리듯 대상을 세부적으로 묘사한다.

그러나 잉골드가 보기에 이러한 방식은 대상과의 조응적 관계가 형성되지 않은 채 대상을 바라보는 비조응적 묘사다. 그 대신 잉골드는 래드클리프브라운이 추구했던 '과정으로서 사회생활'과 '유기적 생명' 사이의 어떤 것으로서 인류학을 부활시킨다. 인류학은 민족지적 방식과는 달리 사회를 고정된 실체가 아니라 '생명 과정'으로 보아야 한다고 주장한다. 요컨대 잉골드에 따르면 인류학과 민족지학은 방법론과 접근법 그리고 추구하는 목적(일반성과 특수성)이 다르다. 민족지학이 제공하는 타인의 삶에 대한 설명은 인류학적 분석을 위한 원재료의 역할을 하는 것이 아니라 완결된 작업물이다. 그리고 인류학은 세계 속에서 인간 삶의 조건과 가능성을 탐구하는 학문이다(Ingold, 2011).

잉골드는 민족지와 인류학 연구의 차이를 첼로 연주의 학습을 사례로 들어 설명한다. 잉골드가 뛰어난 실력을 갖춘 아마추어 첼리스트임은 널리 알려진 사실이다. 핀란드에서 현장 연구를 할 때도 첼로를 들고 다닐 만큼 첼로에 대한 잉골드의 열정은 대단하다. 잉골드는 자신이 첼리스트로서 러시아의 위대한 첼로 거장인 므스티슬라프 로스트로포비치(Mstislav Rostropovich)와 함께 공부하는 상상을 한다. 이 상상에서 잉골드는 첼로 연습을 하고 교정을 받는다. 그러면서 첼로라는 악기의 가능성과 잠재력, 음악의 깊이와 섬세함 그리고 개인으로서 자신에 대한 이해를 넓힌다. 한편 잉골드는 로스트로포비치를 포함한 러시아 출신 첼리스트들을 연구하기 위해 음악학을 연구하는 경우도 상상한다. 이 경우 그 첼리스트들이 첼로의 길을 선택한 이유, 경력의 전개, 이들의 삶과 연주 방식이 세상에 미친 영향을 조사할 것이다. 그리고 로스트로포비치나 그 주변 인물들과 대화하고 공식 인터뷰를 통해 필요한 정보를 수집할 것이다. 전자의 과정은 로스트로포비치와 함께 첼로를 배우는 것이고, 후자는 로스트로포비치에 대해 배우는 것이다. 대상과 함께 배우는 것과 대상에 대해 배우는 것은 완전히 다르다. 전자가 변형적 과정이라면, 후자는 본질적으로 기록적이고 다큐멘터리적인 과정이다. 잉골드에게 인류학은 "함께 배우고 익히는 과정으로, 삶의 과정에서 진행되고 그 안에서 변화를 이끈다". 반면 민족지는 특정 대상을 연구하고 이에 대해 배우는 작업이다. 그 결과는 기록의 목적을 띠는 회고적 서술일 것이다(Ingold, 2013: 3).

잉골드는 최근 인류학계에서 유행처럼 확산하고 있는 다종민족지(multi-species ethnography)에 대해서도 비판적이다. 인류학자 에벤 커크시(Eben Kirksey)와 스테펀 헬름라이시(Stefan Helmreich)는 다종민족지를 비인간 동물과 인간의 관계에 대한 "새로운 글쓰기 장르이자 연구 방식"으로 정의했다(Kirksey & Helmreich, 2010). 기존 민족지에서 비인간 생물체는 물질적 또는 상징적 고정물로 간주되었다. 반면 다종민족지에서는 비인간 생물체가 그들 자신의 이야기를 하고 정치적 삶을 갖는 생명체로 등장한다. 그러나 잉골드는 이 다종민족지에서 나타나는 '종적 존재(species being)'로서 생명체에 대해 문제를 제기한다. 잉골드는 다음과 같이 묻는다. 종적 존재의 다양성에 근거한 다종민족지의 준거점은 누구인가? 잉골드에 따르면 종적 존재를 상정하는 것은 '보편적 인간성(universal humanity)'의 관점에서만 가능하다. 잉골드는 '종' 개념에 의거해 생명체를 구분하고 차이에 따라 분리하면 '인간을 다시 중심 참조점(central reference point)으로 되돌릴 가능성'이라는 문제가 발생할 수 있다고 지적한다. 또한 다종민족지를 주창한 커크시와 헬름라이시 역시 이 문제를 인지하고 있다고 지적한다(Ingold, 2022: 305).

잉골드가 주장하는 '조응의 인류학'의 핵심은 세계 안의 존재로서 살아가는 타자를 진지하게 받아들이는 것이다. 관찰자로서 거리를 두고 대상을 세밀하게 묘사하기보다 대상과 함께 조응하면서 주의를 기울이는 것이다. 조응의 인류학은 레스텔이 주장한 것처럼 인간과 비인간 행위자

모두가 함께 구성하는 사회를 다룬다. 이러한 "혼종적 공동체"는 라투르가 제안한 집합체(collective)와 다르다. 혼종적 공동체는 끊임없이 변화하고 인간의 삶과 얽힌 존재들을 배제하는 대신 포함하면서 의미와 관심 그리고 감정의 공유를 수반한다(Lestel, Brunois & Gaunet, 2006).

참여관찰과 조응의 인류학

잉골드는 (다종)민족지가 포착하지 못하는 조응의 인류학적 관계를 잘 드러내는 사례를 캐나다 북중부에 살던 부족인 오지브웨(Ojibwe)족에 대한 연구에서 찾는다. 1930년대 인류학자인 앨프리드 어빙 핼러웰(Alfred Irving Hallowell)은 베런스강 아니시나베(Anishinaabe) 부족의 추장인 윌리엄 베런스(William Berens)와 만나 우정을 쌓는다. 핼러웰은 베런스와 대화를 나누던 중 베런스가 오지브웨 언어로 '돌'을 생물체처럼 묘사하는 것을 듣고 당황했다. 베런스는 돌이 살아 움직이고 말과 유사한 소리를 낸다고 주장했다. 핼러웰은 서구적 사고방식과 준거로는 이러한 생각을 이해할 수 없음을 깨달았다. 오지브웨족은 세상이 특정한 구조로 고정되어 있지 않으며 돌과 같은 비인간 존재가 세상의 일부로 스스로 존재하면서 인간에게 영향을 미친다고 여겼다. 이에 따르면 세상 속에 존재하는 인간과 돌은 끊임없이 움직이고 교감하며 지속적으로 영향을 주고받는다. 잉골드는 이 사례를 통해 인간과 비인간 존재의 관계를 다음과 같이 설명한다. “사물에 집중한다는 것, 즉 그것들의 움직임을 보고 소리를 듣는다는 것은 파도가 부서지기 직전 그 끝을 타는 행동처럼 세상을 몸으로 포착하는 것이다. 파도가 부서지고 난 뒤가 아니라 파도가 덮쳐 오면서 형상을 갖추는 순간 파도는 완전히 실재하고 또렷한 모습을 지닌다. 그리고 그 순간 경험과 상상의 도화선 그리고 세상은 생명을 얻는다.”(Ingold, 2018b/2020: 40)

돌에 대한 오지브웨족의 경험과 그것을 받아들이는 핼러웰 그리고 잉골드의 설명은 선뜻 이해하기 어려울 수 있다. 그러나 이는 서핑의 비유를 통해 충분히 이해할 수 있다. 서핑을 처음 배우는 사람에게는 서핑보드에 오르는 것이 쉬워 보일 수 있지만 그것은 파도의 흐름과 크기 그리고 형태를 정확하게 읽지 못하면 매우 힘든 일이다. 바다 한가운데에 있는 초심자가 뒤에서 쏟아지는 파도를 ‘읽어 내는 것’은 여간 어려운 일이 아니다. 하지만 초심자는 몇 차례에 걸친 시도 끝에 파도의 변화무쌍한 움직임과 자신의 움직임을 정확하게 일치시키는 순간에 도달하게 된다. 이는 잉골드가 이야기하는 조응의 순간과 같다. 파도에 몸을 맡겨 사람의 행위가 파도와 정확하게 일치하는 그 순간이 바로 경험과 상상의 도화선이다. 인간 행위자와 파도라는 비인간 행위자의 관계는 서로의 움직임이 반복적으로 조응하면서 안정화된다. 이때 인간 행위자는 파도를 수동적이고 변화하지 않는 자연으로 인식하지 않을 것이다. 생명력을 지닌 교감의 상대로 인식할 것이다. 오지브웨족이 돌의 말과 움직임을 관찰한 것은 이러한 서퍼들의 인식과 상통한다.

조응의 인류학은 민족지학의 관찰을 통한 세부적 묘사를 넘어서는 인류학적 관계를 이야기한다. 세상은 특정 구조와 구성으로 고정되어 있지 않다. 우리는 세상의 일부로 존재하며, 세상은 우리에게 계속 영향을 미치는 과정이다. 잉골드에 따르면 생명이란 그것을 소유한다고 간주되는 것에 감춰진 비밀스러운 재료가 아니다. 오지브웨족이 말하는 돌의 생명력은 돌에 생명이 있음을 뜻하는 것이 아니라 오히려 돌이 생명 속에 있음을 뜻한다. 잉골드는 무언가가 '되어 간다는 것'과 존재에 대한 인류학적 이해를 '애니미즘'이라고 부른다(Ingold, 2018b/2020: 41). 조응의 인류학의 목적은 인간 생명 자체에 관해 대화를 나누는 것이다. 이 대화에서는 그저 세상에 대한 것만 이야기되는 것이 아니라 인류학 자체가 세상이 된다.

이 지점에서 잉골드는 인류학의 방법론으로 민족지 대신 참여관찰을 강조한다. 이러한 강조와 대비를 통해 민족지에 대한 저항감을 드러낸다. 보통 민족지 연구자들은 "민족지적 만남(ethnographic encounter)"을 강조하면서 현지 조사와 일상에서 일어나는 우연적 만남에 대한 기록이 인류학 연구의 성과를 구성한다고 믿는다. 한편 참여관찰은 관찰 대상이나 공동체 내 사람들과의 우연적인 만남을 기록하는 것이 아니다. 잉골드는 일상생활에서 일어나는 만남과 현지 조사에서 일어나는 만남에는 근본적 차이가 있다고 주장한다. 이를테면 슈퍼마켓에서 친구를 만나 대화하는 것은 현지 조사의 대상이 아니다. 인류학에서 현지 조사라고 불리는 것은 현장의 맥락과 압력하에서 다양한 자료를 수집하고 사후에 정리하면서 문제점을 발견하고 체계적으로 재구성하며 '주의'를 기울이는 작업이다. 참여관찰은 이러한 작업에 집중한다.

민족지는 '민족'이라는 개념에서도 문제를 드러낸다. '민족지'는 '민족(ethno)'과 '글쓰기(graphy)'가 결합한 단어다. 잉골드는 '민족지하기(ethnoing)'라고 불리는 과정을 설명하면서 그 문제를 깊숙하게 파고든다. 잉골드에 따르면 민족지하기는 특정 맥락과 현장의 압력에서 나타나는 세부 사항들을 통해 '사람들이 알고 있는 것들', 즉 사람들이 이야기하는 것들을 하나의 집합으로 포장하는 과정이다(Ingold, Gibb, Tonner & Malara, 2024: 76). 이렇게 만들어진 이야기는 단일하고 완결적인 형태를 띤다. 즉 일상적 맥락과 주변 사람들의 압력이 존재하는 현장을 벗어나면 그 맥락이나 현장에 있던 사람들은 '민족'으로 변화한다. 곧이어 "우리는 그들에게 온갖 특성을 부여하기 시작한다. 문제는 바로 이 지점에 있다"(Ingold, Gibb, Tonner & Malara, 2024: 76).

이렇듯 잉골드는 인류학에서 현장의 맥락과 압력을 제거해 버리는 민족지의 위험성을 경고한다. 이는 참여관찰에서의 '주의성(attentionality)'과 대비된다. 현장 연구에서 '관찰'은 의식적이고 의도적인 행위로, 무엇을 관찰할지에 대한 사전 인식에서 출발한다(Förster, 2001). 관찰에서 나타나는 이러한 주의성은 외부에서 주어진 것이 아니다. 잉골드에 따르면 주의성이라는 능력은 '대상에 대한 관찰'을 통해 얻는 것이 아니라 '대상과 함께' 이루어진다. 대상이 다른 인간일 경우에 함께 이루는 관찰은 '타자와 함께하는 것(togethering)'으로 전환된다(Ingold, 2018a: 26). 요컨대 잉골드의 참여관찰은 사람들에 대한 것이 아니라 '사람들과 함께하는 것'이다(Bloom-Christen, 2024: 60-73).

잉골드에게 현장 연구는 그 대상인 사회나 사람 혹은 동물을 비롯한 비인간과 함께하는 작업이다. 그들과 거리를 두면서 제삼자적 입장에서 현상을 관찰하는 것은 잉골드가 원하는 인류학적 연구가 아니다. 대상에 관한 작업이 아니라 대상과 함께하는 작업은 현장의 생동감과 맥락 그리고 현장에서 나타나는 압력을 온전히 담아낼 수 있다.

'조응' 개념은 '함께하는' 과정에서 매우 중요한 역할을 한다. 조응은 관찰자 중심의 의도성을 강조하지 않는다. 의도성과 주의성은 대상과 함께하는 과정에서 발생한다. 대상과의 끊임없는 조응 과정에서 관심을 갖고 주의 깊게 관찰할 때 흥미로운 얽힘이 일어난다. 그 얽힘의 순간을 포착하는 것이 바로 참여관찰의 정수이자 잉골드가 제시하는 '조응의 인류학'이다.

참고문헌

박신현(2023). ≪캐런 바라드≫. 커뮤니케이션북스.

박효민·천명선(2022). “팀 잉골드와의 인터뷰”. ≪과학기술학연구≫, 22(2), 194-211쪽.

Bloom-Christen, A.(2024). In the slipstream of participation: Attention and intention in anthropological fieldwork. In Porr, M. & Weidtmann, N.(eds.). *One World Anthropology and Beyond*, pp. 60-73. London: Routledge.

Förster, T.(2001). Sehen und Beobachten. *Sozialer Sinn, 2*(3), pp. 459-484.

Ingold, T.(2011). *Being Alive: Essays on Movement, Knowledge and Description*. London: Routledge.

Ingold, T.(2013). *Making: Anthropology, Archaeology, Art and Architecture*. London: Routledge.

Ingold, T.(2018a). *Anthropology and/as Education*. London: Routledge.

Ingold, T.(2018b). *Anthropology: Why It Matters*. Cambridge: Polity. 김지윤 옮김(2020). ≪팀 잉골드의 인류학 강의≫. 프롬북스.

Ingold, T.(2022). *Imagining for Real: Essays on Creation, Attention and Correspondence*. London: Routledge.

Ingold, T., Gibb, R., Tonner, P., & Malara, D. M.(2024). *Conversations with Tim Ingold: Anthropology, Education and Life*. Edinburgh: Scottish Universities Press.

Kirksey, E. & Helmreich, S.(2010). The emergence of multispecies ethnography. *Cultural Anthropology, 25*, pp. 545-576.

Lestel, D.(2002). The biosemiotics and phylogenesis of culture. *Social Science Information, 41*(1), pp. 35-68.

Lestel, D., Brunois, F., & Gaunet, F.(2006). Etho-ethnology and ethno-ethology. *Social Science Information, 45*(2), pp. 155-177.

05
장소, 경관, 선의 인류학

잉골드가 전개한 인류학 프로젝트의 핵심인 '선'을 통한 인류학적 이해는 공간과 시간의 결합을 통해 가능하다. 잉골드는 선의 인류학으로 나아가기 위해 행위자의 공간성과 시간성 그리고 환경과의 상호작용에 집중한다.

경관, 장소, 유동적 삶의 공간으로서 환경

최근 잉골드는 인류학의 영역을 확장하는 데 관심을 두고 있다. 그 일환으로 '선'에 대한 매우 혁신적이고 새로운 주장을 펼친다. 세상은 선으로 이루어져 있으며, 선을 통한 세상의 이해가 인류학 연구의 지평을 확장한다고 주장한다. 선에 관한 잉골드의 관심은 '고정된 것'에서 '운동하는 것'으로 전환하는 종결점에 해당한다. 잉골드의 그러한 관심은 "삶의 공간"에 관한 논의에서 시작한다. 이는 라투르와 잉골드가 인간과 비인간의 관계를 다루는 데서 보이는 차이를 해명하는 데 중요한 역할을 한다.

라투르는 인간과 동물의 근본적 차이를 인공물(도구)의 사용 여부에서 찾는다. 라투르에 따르면 인간의 사회성은 인간이 비인간 인공물과의 관계를 끊임없이 지속하고 재생산하며 물질적 도구를 사용하는 과정에서 구성된다. 한편 동물은 물질적 인공물의 역할을 재생산하지 않기 때문에 동물의 사회성은 인간의 사회성과는 다른 특성을 띤다.

잉골드의 입장은 이와 다르다. 잉골드에 따르면 수많은 생물은 인간처럼 물질적 인공물을 사용하거나 재생산하지는 않지만 다른 형태의 '물질성'을 드러낸다. 여기서 잉골드는 '장소'라는 물질성을 도입한다. 예컨대 순록을 비롯한 비인간 생물들은 모두 고정된 장소로 회귀하는 움직임을 보인다. 이때 '장소'와 '경관'은 물질적 토대를 구성하는 중요한 요소다. 고향이나 귀환 개념 등 인간에게도 장소가 중요함을 보여 주는 수많은 사례를 발견할 수 있다(Ingold, 2022).

잉골드는 장소와 경관이란 모든 생명 활동이 작동하는 환경을 만들어 내고, 그 환경이 사람을 포함한 생물을 만들어 내는 과정이라고 설명한다. 이러한 관점 전환은 잉골드가 1993년 발표한 논문 "경관의 시간성(The temporality of the landscape)"에 잘 드러난다. 여기서 잉골드는 기존의 고정성과 이분법을 넘어서려 한다. 그 전에도 잉골드는 장소 개념이 갖는 고정적 성격을 비판하면서 장소에서 유동적 성격을 찾으려 시도했다(Ingold, 1993). 잉골드는 경관이나 장소가 고정되지 않고 운동성을 갖게 하기 위해 시간성(temporality)을 도입했다. 시간성과 결합한 장소는 고정적·외재적으로 주어진 것을 넘어선다. 이러한 결합을 표현하는 잉골드의 개념은 '작업경관(taskscape)'이다.

잉골드가 풍경의 형성 과정이나 특성에 관심이 있어서 작업경관 개념을 제안한 것은 아니다. 잉골드의 관심사는 상호 반응하는 작업의 배열과 활동 과정의 복잡한 과정이었다. 즉 잉골드는 이 다양한 활동들이 "서로 얽히고설키고 때로는 조화를 이루며 때로는 불협화음을 내는 모습 그 자체"에 관심이 있었다(Ingold, 2017: 17). 1990년대 초반에는 자연과 같은 물리적 객체의 영역과 인간이 살아가는 의도적 주체의 영역 즉 사회가 명확히 나뉠 수 없다는 지적 운동이 활성화하면서 엄청난 혼란을 일으켰다. 사회인류학자인 잉골드에게는 강조되기 시작한 자연과 사회 사이 경계의 모호함을 담아낼 개념이 필요했다. 잉골드는 다음과 같이 물었다. "인간이 어떻게 자연의 세계 안에 존재하는 동시에 사회 안에서, 즉 유기체인 동시에 인격체로서 존재할 수 있는가?" 그 답은 유기체와 인격체가 존재론적으로 구분되지 않는다는 데 있다. 유기체와 인격체의 차이는 일정한 조건하에서 드러날 뿐이다. 인격체는 곧 유기체다(Ingold, 2017: 19). 인간에 대한 이해는 자연에 대한 이해이기도 하다. 단지 인간과 자연을 둘러싼 조건이 변화할 때 그 차이가 드러날 뿐이다. '작업경관' 개념은 이러한 맥락에서 등장한다.

몸과 풍경은 인간의 인식이 역사의 중심에 자리 잡으면서 그 정당한 자리를 잃고 주변화했다. 그러나 최근 인간의 인식과 몸의 물질성에 대한 분리적 사고 경향이 붕괴하기 시작했다. 몸과 풍경은 다시 유기체와 인격체, 환경과 공간을 분리하는 것이 아니라 통합하는 주체가 되었다. 이러한 통합에는 몸과 풍경을 시간적 현상으로 간주하는 것이 필요하다. 잉골드에 따르면 "몸과 풍경 모두 고정되거나 최종적인 형태로 존재하지 않는다. 그것들은 생물학적 또는 지질학적 '원재료'로서 단순하게 새겨진 것이 아니다. 오히려 끊임없이 구성되고 있다"(Ingold, 2017: 21).

피터르 브뤼헐(Pieter Bruegel the Elder)이 1559년 완성한 <사육제와 사순절의 싸움(The Fight Between Carnival and Lent)>에 나타나는 당시 모습은 잉골드가 작업경관 개념을 제시하면서 몸, 시간, 공간의 운동성을 강조하는 의도를 구체화하는 좋은 사례다. 사순절은 가톨릭 신자들이 부활절을 앞두고 40일 동안 '경건과 절제'의 마음을 가지고 다가올 그리스도의 부활을 준비하는 기간이다. 그리고 그 사순절 직전에는 단식과 금식 전 마음껏 음식을 섭취할 수 있는 사육제가 있다. 브뤼헐은 사순절을 준비하는 1550년대 안트베르펜 사람들의 천태만상을 그린다. 브뤼헐의 다른 그림과 마찬가지로 <사육제와 사순절의 싸움>은 당시 사람들의 삶과 공간의 모습을 매우 세세하게 묘사한다. 잉골드는 이 그림에 나타난 수많은 사람들의 모습에 주목한다. 생선 장수와 푸줏간 주인, 꼬치를 굽는 사람, 귀부인과 수도자와 수녀 그리고 장애인 등이 무엇인가 사고팔고, 구걸하거나 자선을 베풀고 있다. 이렇듯 브뤼헐은 다양한 인간 군상의 모습을 생생하게 그려 낸다. 요리, 연극, 음악, 게임, 춤, 노래, 고함 등의 생동감 넘치는 모습은 그림을 보는 사람에게 안트베르펜 광장 한가운데 서 있는 듯한 착각을 일으킬 정도다.

> 이 그림은 풍경화가 아니다. 일반적으로 풍경화는 고요한 세계를 묘사하며, 그 거대한 풍경 속에 고독한 인간상이 나타나도 그 평온함을 거의 방해하지 않는다. 그러나 <사육제와 사순절의 싸움>은 그 정반대다. 이 그림은 인물이 빽빽하게 들어차 있으며, 건물이나 나무 같은 요소는 배경으로 물러나 있다. 더구나 이 그림은 활동을 묘사한다. 등장하는 모든 인물이 무언가를 하고 있다. 그림은 조용하지만, 만약 그 현장에 있었다면 어떨지 상상해 보라! 소음 속에서 자신의 목소리를 들리게 하는 것이 거의 불가능했을 것이다. 각 인물은 어떤 작업을 수행하고 있으며, 그들의 옷차림, 작업 도구, 가지고 있는 장비로 그것이 무엇인지 알 수 있다.… 그들의 활동은 서로의 행동에 끊임없이 조응하며 이루어진다. 브뤼헐이 그린 것은 상호적으로 반응하는 작업들의 배열, 다시 말해 '작업경관'이다.(Ingold, 2017: 17)

시간성과 운동성은 작업경관의 핵심 키워드다. 시간성

과 운동성이 공간과 결합하는 방식을 잘 보여 주는 또 다른 사례는 브뤼헐의 또 다른 명작인 <추수하는 사람들(The Harvesters)>이다. 1565년에 발표된 이 작품은 더운 여름날 밀을 수확하는 농부들의 모습을 그리고 있다. 여기서 중심이 되는 것은 추수 중간에 점심을 먹는 농부들의 모습과 나무 밑에서 대자로 드러누워 잠에 빠진 농부의 모습이다. 잉골드에 따르면 브뤼헐은 누워 자는 농부를 그림의 중심에 크게 배치함으로써 '멈춤'과 '쉼'이 세계를 만들어 가는 과정에 얼마나 중요한지 보여 준다. 풍경은 시간성과 결합하면서 흐름과 운동성을 함께 인식할 수 있게 한다. 그러나 멈춤을 허용하지 않는 흐름과 쉼 없는 행위는 시간을 만들어 내지 못한다. 시간이 나타나려면 행위가 일시적으로 멈춰야 하며, 흐름뿐 아니라 마찰도 필요하다. 잉골드는 다음과 같이 주장한다. "사물이 주변으로 흘러나오려면 주기적으로 자기 자신으로 돌아가야 한다. 세계는 어떤 의미에서 숨을 쉴 수 있어야 한다."(Ingold, 2017: 21)

잉골드는 이분법을 넘어 유동하는 시공간성을 담고 있는 공간을 표현하기 위해 '삶의 공간(space for living)' 개념을 고안한다. 처음에 잉골드는 이 삶의 공간을 '거주지(dwellings)'라는 단어로 표현했다. 그러나 '거주지(Lebensraum)' 개념은 이미 독일의 철학자 마르틴 하이데거(Martin

Heidegger)가 1954년에 쓴 유명한 에세이 "빌딩, 거주지, 사고(Building, dwelling, thinking)"에서 제안되어 광범하게 사용되고 있었다(Heidegger, 2013). 잉골드는 하이데거의 '거주지'와 자신의 개념이 동일하지 않다고 주장한다. 하이데거의 거주지 개념은 숲과 같은 환경이 경작을 통해 거주지로 전환된 안정적인 삶의 공간이다. 이는 잉골드가 의도한 '유동하는 삶의 공간'과는 전혀 다르다.

잉골드는 오해를 피하기 위해 '거주(habitation)'라는 단어를 사용한다. 게다가 이 단어는 또 다른 연관어인 '습관(habit)'과 연결되면서 더욱 풍부한 의미를 갖는다. 여러 학자는 '습관'을 아무런 생각 없이 일어나는 자동적 행위로 해석했지만, 잉골드는 그것을 세계 안의 삶을 사는 행위로 해석한다. 이로써 장소성이 고정된 것이 아니라 행위를 통해 환경을 만들어 내고 환경 안에서 살아가는 과정임을 담아내려 시도한다(Ingold, Gibb, Tonner & Malara, 2024: 109).

잉골드가 행위자의 행위가 일어나는 공간과 시간 그리고 행위 자체를 개념화하면서 '거주'에 집중하는 이유는 그것이 거주자와 (공간을 포함한) 환경 사이 지속적 상호작용의 문제이기 때문이다. 행위자의 작업(task)은 단순한 자유의지의 결과가 아니다. 과학이 세계에 자신을 맡겨야 하듯 작업은 세계의 형태 형성 과정에 참여하는 것이며 그 과정에서 자신의 존재를 끌어낸다. 즉 과업을 수행하는 것(tasking)은 세계를 만들어 가는 과정(worlding)의 일부다. 잉골드에 따르면 "인간 거주의 과업을 세계 전체의 생성 과정 속에서 적절한 맥락에 다시 배치함으로써, 우리는 작업경관과 풍경 사이의 이분법을 없앨 수 있다. 단, 이는 풍경 자체의 근본적인 시간성을 인정해야만 가능하다"(Ingold, 1993: 164).

여기서 우리가 관심을 두어야 하는 부분이 바로 '끊임없이 운동하고 변화하는 것'으로서 장소성이다. 역사지리학자 케네스 올위그(Kenneth Olwig)는 풍경이라는 단어가 중세 초기 북유럽의 농업 관행에서 유래했다고 주장한다. 풍경을 나타내는 접미사인 '-scape'는 여러 학자가 주장하듯 고대 그리스어 'skopein(보다)'에서 유래한 것이 아니라 고대 영어인 'sceppan' 또는 'skyppan(형성하다)'에서 비롯되었다. 즉 풍경은 '바라보는 땅'이 아니라 '형성된 땅'을 의미한다(Olwig, 2008). 농부들과 벌목꾼들이 도끼와 쟁기로 가축의 도움을 받아 끊임없이 작업해 형태가 갖추어지는 모습이다. 잉골드가 공간을 표현하는 말로 사용하는 '경관'은 오늘날 사람들 대다수가 풍경이라는 단어에서 떠올리는 거리감 있고 관조적이며 파노라마적인 시각과는 정반대의 성격을 갖는다(Ingold, 2012). 잉골드의 인류학 연구에서 정점이라고 할 수 있는 '선'에 대한 관심은 이러한 운동과 변화를 통해 유동하는 과정을 담아내려는 의도와 연결된다. 삶은 고정된 (또는 주어진) 공간에서 살아가는 것이 아니라 움직이는 여정(paths)이다. '장소', '경관', '거주지'로 이어지는 개념의 진화는 '선'이라는 개념에 도달한다.

선

선에 대한 잉골드의 관심은 프랑스의 철학자 질 들뢰즈(Gilles Deleuze)의 '도주선(ligne de fuite)' 개념을 발전시켜 인류학에 적용한 결과물이다. 들뢰즈와 펠릭스 가타리(Félix Guattari)는 인간의 욕망을 탐구하면서 욕망과 선을 연결한다. 욕망은 무수한 방향으로 확장될 가능성이 있지만 다양한 해석의 방식들 즉 서사, 개념, 존재론 등에 의해 억압당한다. 그러나 선은 끊임없이 빠져나와 현실을 생산하고 삶을 창조한다. 잉골드는 이러한 들뢰즈와 가타리의 개념에 앨프리드 노스 화이트헤드(Alfred North Whitehead)의 과정철학과 앙리 베르그송(Henri Bergson)의 현상학적 개념을 섞어 인류학에서 가장 독특한 성취물인 선의 인류학을 시작한다.

선의 인류학에 관한 연구 성과는 잉골드가 2007년 출간한 ≪라인스≫에서 구체화한다. 잉골드는 이 책에서 인간이 수행하는 모든 활동이 항상 선을 따라 이루어진다고 주장한다. 선은 시작도 끝도 없고 끊임없이 움직이며 새로운 것을 생성한다. ≪라인스≫에서 논의되는 선과 관련된 다양한 주제들, 예를 들어 중세 성가의 기보법, 아마존 원주민의 디자인, 영국의 예술가 리처드 롱(Richard Long)의 사진 작품, 사미족이 순록의 귀에 남기는 귀표 도안, 프랑스 왕가의 계보도 등은 잉골드가 추구하는 다양성의 넓은 폭을 보여 준다. 잉골드는 이 다양한 영역의 주제들을 통해 근대적 이분법과 인간중심주의적 사고방식에 근거한 인류학이 고정성을 추구하면서 불거진 문제점을 드러낸다. '선'에서 얻을 수 있는 지혜는 더 이상 세상을 두 덩이로 나누어 볼 필요가 없다는 것이다. 게다가 선은 시작과 끝을 알 수 없이 얽히고 확산한다. 즉 목적이 없으며 그저 그 움직임을 따라 함께 움직이면서 파악할 수 있을 뿐이다. 이러한 선의 특성을 보여 주는 것이 선의 삼부작 중 첫 번째 저작인 ≪라인스≫의 목적이었다.

삼부작 중 두 번째 저작은 선의 제작과 행위를 인류학이나 고고학, 예술 그리고 건축과 같은 영역에서 찾아보는 ≪만들기≫다. 세 번째 저작은 ≪모든 것은 선을 만든다≫

로, 생태학·건축학·기상학·미학·사회학·인류학 등 다양한 학제들을 방법론적으로 융합해 선의 인류학적 존재론을 새로이 제시한다.

참고문헌

Heidegger, M.(2013). Building, dwelling, thinking. *Poetry, Language, Thought*, pp. 145-161. New York: Harper Perennial.

Ingold, T.(1993). The temporality of the landscape. *World Archaeology, 25*(2), pp. 152-174.

Ingold, T.(2007). *Lines: A Brief History*. Cambridge: Polity. 김지혜 옮김(2024). ≪라인스: 선의 인류학≫. 포도밭.

Ingold, T.(2011). *Being Alive: Essays on Movement, Knowledge and Description*. London: Routledge.

Ingold, T.(2012). The shape of the land. In Árnason, A., Ellison, N., Vergunst, J., & Whitehouse, A.(eds.). *Landscapes Beyond Land: Routes, Aesthetics, Narratives*, pp. 197-208. Oxford: Berghahn Book.

Ingold, T.(2013). *Making: Anthropology, Archaeology, Art and Architecture*. London: Routledge.

Ingold, T.(2015). *The Life of Lines*. London: Routledge. 차은정 외 옮김(2024). ≪모든 것은 선을 만든다≫. 이비.

Ingold, T.(2016). On human correspondence. *Journal of the Royal Anthropological Institute, 23*, pp. 9-27.

Ingold, T.(2017). Taking taskscape to task. In Rajala, U. & Mills, P.(eds.). *Forms of Dwelling: 20 Years of Taskscapes in Archaeology*, pp. 16-27. Oxford: Oxbow.

Ingold, T.(2020). *Correspondences*. London: John Wiley & Sons. 김현우 옮김(2024). ≪조응: 주의 기울임, 알아차림, 어우러져 살아감에 관하여≫. 가망서사.

Ingold, T.(2022). *Imagining for Real: Essays on Creation, Attention and Correspondence*. London: Routledge.

Ingold, T., Gibb, R., Tonner, P., & Malara, D. M.(2024). *Conversations with Tim Ingold: Anthropology, Education and Life*. Edinburgh: Scottish Universities Press.

Olwig, K.(2008). Performing on the landscape versus doing landscape: perambulatory practice, sight and the senses of belonging. In Ingold, T. & Vergunst, J. L.(eds.). *Ways of Walking: Ethnography and Practice on Foot*, pp. 81–91. London: Ashgate.

06
만들기

무엇인가를 만든다는 것은 어떤 의미일까? 인간은 먼저 설계 이미지를 머릿속에 떠올리고 그것을 물질적 재료에 투영해 결과물을 만드는 것일까? 잉골드는 이 질문에 물질과 인식은 분리된 것이 아니라 둘이 함께 춤을 추듯이 행위를 조율하면서 얽힌다고 답한다. 손끝의 끊임없는 운동과 물질의 반응은 '조응' 관계에 있다.

안으로부터 앎

세계를 바라보는 잉골드의 비환원적이고 현상학적인 접근은 한마디로 '선'의 얽힘과 풀림을 통해 지속되는 과정이다. 선으로 이루어진 세계를 만들려면 '만들기(making)'라는 행위를 먼저 이해해야 한다. 잉골드는 2013년 ≪만들기≫라는 매우 흥미로운 노작을 발표한다. 이 책은 앎의 문제와 물질성의 관계에 대한 이해를 전복한다. 원시 인류의 주먹도끼, 성당의 고딕 양식, 시계 만들기, 회화와 소묘의 차이 등을 다루며 예술에서부터 고고학, 건축 그리고 인류학을 가로지르는 반학제적 설명을 시도한다.

≪만들기≫가 완전한 저작으로 출판될 수 있었던 것은 잉골드가 1999년 애버딘대학교로 자리를 옮기면서 기획한 프로그램 '4As: 인류학, 고고학, 예술, 건축'의 경험 덕분이었다. 2004년부터 본격적으로 실행된 이 프로그램은 '학습은 실천 속의 이해다(learning is understanding in practice)'라는 원칙에 의거해 인류학, 고고학, 예술, 건축이라는 상이하고 이질적인 학제들의 다양한 이론과 기술을 결합해 학습할 때 어떤 결과가 나타날지 알아보려는 시도였다. 그 목표는 "공간, 시간, 운동의 흐름 속에서 사람들이 자신과 주변 환경을 인식하고 관계 맺는 방식을 이해·형성하기 위

해 상호보완적인 접근법으로 인류학, 고고학, 예술, 건축 사이의 연결을 탐구하는 것"이었다(Ingold, 2013: 11). 그리고 이 과정에서 잉골드는 놀라운 사실을 발견했다. 이 프로그램은 각 학제의 이질성에 근거한 상호작용으로 귀결되지 않았다. 오히려 네 가지 학문 사이의 경계 자체가 모호해지는 결과를 가져왔다. 잉골드는 이를 통해 자신이 추구하는 인류학적 연구가 반학제적 성격을 띤다고 주장한다. 이로써 학생들에게 다학제적 교육을 하면서 단순히 현장에 들어가 관찰하고 기록하게 할 뿐 아니라 직접 재료로 무엇인가를 만들어 보게 하고, 그 과정을 통해 물질성과 인식의 문제가 밀접하게 결합한다는 인류학적 주장을 펼칠 수 있게 되었다.

2007년 ≪라인스≫에서 선을 통한 세계 이해와 앎에 대한 해명이 처음으로 시도되었다면, ≪만들기≫는 신체나 손을 사용한 행위와 실천 과정을 통해 앎의 문제를 구체적으로 보여 주려 했다. ≪만들기≫에서 잉골드가 해명하려 한 또 다른 핵심은 인간의 행위와 그 주변의 환경이 어떻게 관계를 맺는지였다. 잉골드는 유기물과 무기물의 관계를 기존 이분법적 분리에 근거해 어느 한쪽이 다른 쪽을 결정한다고 보는 환원론이나 기존 사회과학적 설명이 말하는 상호작용으로 설명하지 않는다. 그 대신 유기물과 무기물의 생성 과정에 관해 논의한다. 잉골드는 행위자와 환경의 접촉이 끊임없이 새로운 존재를 생성하는 과정에 관심을 보이며 그 과정을 '조응'이라고 표현한다.

생성의 과정으로서 행위와 물질성을 이해하는 데 관건은 앎과 물질의 문제를 어떻게 해결할 것인지다. 지금까지 철학, 인류학, 사회학은 앎의 주체와 대상을 분리하는 접근법을 전제했다. 이때 무엇인가를 알게 되는 것은 외부의 자극이나 준거에 기인하지 않는다. 앎이 외부로부터 주어진다는 것은 고정되고 절대적인 어떤 것이 나의 인식에 주어짐을 의미한다. 이러한 접근법은 주어지는 것이 물질적이든 제도적·문화적이든 상관없이 고정적인 것으로 본다. 잉골드는 이에 대해 확실하게 선을 긋는다. ≪만들기≫ 서두에서 지식 획득은 외부로부터 주어지는 것이 아니라 내적 과정을 통해 만들어지는 지속적 과정이라고 주장한다. 잉골드는 자신이 현장 연구에서 경험한 사례에 기반해 이야기를 풀어 간다. 자신이 사미족에 관해 현장 연구를 할 때 자주 들었던 조언이 '스스로 알아내라!'였다고 회고한다. 처음에 잉골드는 궁금하고 막연한 것을 물어보아도 제대로 대답하지 않는 현지 사미족 사람들의 태도에 의문을 품었다. 하지만 잉골드는 곧 "스스로 깨달아야만 진정으로 사물의 본질을 알 수 있다는 점을 이해하게 되었다.…

우리는 세상을 관찰하고, 듣고, 느끼며, 즉 세상이 우리에게 말하고자 하는 것에 주의를 기울이는 과정을 통해 배운다. 현지의 동료들은 찾을 대상, 사물을 추적하는 법 그리고 앎이란 적극적으로 따라가며 이해하는 과정임을 가르쳐 주었다. 그들은 평생 어업에 종사하고, 사냥하고, 순록을 사육하며 살아온 사람들이기에 '앎은 이동을 통해 이루어진다'는 사고방식은 그들에게 자연스럽다"(Ingold, 2013: 1).

인류학에서 대상을 이해한다는 것 그리고 안다는 것은 세계 밖에서 지식을 얻는 일이 아니다. 잉골드는 바라드의 말을 인용하면서 인류학에서 참여관찰과 같은 앎의 행위는 세계 밖에서 일어나는 일이 아니라고 주장한다. "우리는 세계의 일부이기 때문에 알 수 있다. 우리는 세계의 차별적 생성 과정의 일부다."(Barad, 2007: 185). 따라서 앎은 세상 안에서 세상과 맺는 관계다. 잉골드는 이를 '조응'이라고 부른다(Ingold, 2013: 7).

의식, 물질 그리고 시간의 흐름

앎이라는 행위와 대상의 얽힘은 끊임없는 생성으로 이어

진다. 잉골드는 의식과 물질의 흐름이 고정되거나 실체를 지니는 것처럼 묘사하는 방식에 반대하면서 끊임없이 변화하는 사물과 생명체에 대한 인식이 어떻게 이루어지는지를 자신만의 독특한 방식으로 설명한다. 세계는 시간의 흐름에 따라 모습을 바꾼다. 따라서 세계에 대한 탐구는 타자나 외부로부터 전달받은 어떤 관념이나 정보를 처리하는 것 이상의 과정이다. 끊임없이 흐르는 운동과 과정으로서 의식과 물질이 생성 관계를 맺는 것은 '시간의 흐름'이라는 또 다른 요소와 결합하면서 이루어진다. 잉골드는 이러한 과정을 간단한 도표를 통해 보여 준다.

그림 6-1은 '의식의 흐름(flow of consciousness)'과 '물질의 흐름(flow of materials)'을 보여 준다. 이 두 흐름은 시간의 흐름을 통해 이어진다. 시간의 흐름은 시계처럼 계측할 수 있는 것이 아니다. 끊임없이 인식과 물질을 변화시킨다. 이는 핵심적인 실체를 보존한 상태에서 겉모습이나 형태만 변화시키는 것이 아니다. 시간의 흐름에 의한 변화는 항상 질적 변화다. ≪만들기≫에 관한 논문을 쓴 가네코 유(金子遊)는 이를 다음과 같이 설명한다. "컵에 담긴 물에 설탕을 넣으면 설탕이 서서히 녹듯이 시간의 흐름은 질적 변화를 뜻한다. 인간의 신체도 물질이기 때문에 세월이 흐를수록 얼굴에 주름이 생긴다."(金子遊, 2022) 이러한 변화

그림 6-1 의식, 물질, 이미지, 객체

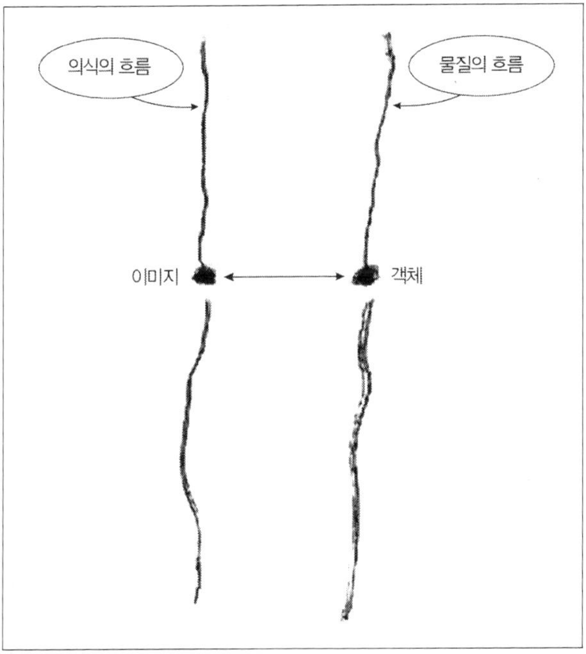

출처: Ingold(2013), 21

는 무생물 물질에도 일어난다. 강가의 돌도 시간이 흐르면 점차 둥글게 변화한다. 유기물과 무기물의 차이는 질적 변화의 간격과 속도에 있을 뿐이다. 여기서 중요한 점은 물질도 한계가 있는 생명을 지녔으며, 그것을 '비유기적 생명'

으로 볼 수 있다는 점이다. 잉골드에 따르면 인간은 물질의 흐름이 정지하는 순간에 생명체를 '물질'로 인식한다. 그 순간에 객체의 이미지가 생성된다.

이미지는 시간의 흐름 속에서 물질의 흐름이 멈추는 순간을 포착한다. 잉골드는 이 이미지가 물체로 전환되는 과정이 '만들기'라고 설명한다. 무엇인가를 만든다는 것은 머릿속에 떠오른 아이디어를 사물에 찍어 내는 과정이 아니다.

잉골드는 인간 행위자가 물질에 아이디어를 투영해 형상을 만들어 낼 수 있다는 이른바 질료형상론(hylomorphism)에 비판적이다. 아리스토텔레스에게서 시작된 질료형상론은 실체와 우연(accident)의 관계에서 실체의 변화가 일어나는 과정을 보여 준다. 그러면서 실체의 변화 속에서도 변화하지 않고 남아 있는 부분인 기체(基體, substratum)의 존재를 주장한다. 질료형상론에 대한 잉골드의 비판은 들뢰즈와 가타리의 입장과 유사하다. 들뢰즈와 가타리는 '고정된 형태와 균질하다고 여겨지는 물질'을 가정하는 질료형상론 모델이 물질의 다양성을 무시하며, 물질의 변형에서 생겨나는 형태와 변형을 인식하지 못한다고 주장했다(Deleuze & Guattari, 2004: 450-451).

잉골드는 질료형상론을 비판하고 만들기 작업의 특징

을 보여 주기 위해 '벽돌 만들기'를 사례로 든다. 벽돌은 점토에 인간의 상상이나 이미지를 투영하는 기하학적 추상의 결과가 아니다. 벽돌을 만들려면 특정 재료의 특성을 고려하는 틀이 필요하다. 그리고 점토를 만들 때도 불순물을 제거하기 위해 체를 사용하고, 리듬감을 충분히 느끼며 반죽해야 한다. 즉 벽돌의 모양을 갖추는 작업은 단순히 이미지를 투영해 디자인이 선행되는 과정이 아니다. 틀을 제작하고 점토를 준비하는 '변형의 사슬'의 조화 과정이 낳는 결과다(Ingold, 2013: 26). 만드는 과정은 의식 속에서 이미지를 고안하고 그 설계도를 재료에 투영해 물질화하는 작업이 아니다. 즉 물질은 수동적인 존재가 아니다. 우리는 실제로 물질을 '움직이고 흐르고 변화하는 물질'로 만나고 이 물질의 흐름을 따라간다. 물질의 속성은 고정된 것이 아니라 재료 자체와 함께 나타난다. 잉골드는 '재료의 속성은 고정된 것이 아니라, 역사'라고 주장한다(Ingold, 2011: 32). 잉골드의 입장은 바라드의 주장과도 공명한다. 바라드에 따르면 "재료는 자연의 조각이 아니며, 외부적 힘(문화나 역사)의 흔적을 통해 완성되기를 기다리지 않는다. 오히려 생성 중인 물질(substances-in-becoming)로서 재료는 한때 부여되었던 형식적 목표를 끊임없이 넘어선다. 현재 특정한 형태로 주조되어 있다고 하더라도 재료는 항상 이미 다른 것이 되어 가는 과정 중에 있으며 이미 진행 중인 역사성을 지닌다"(Barad, 2003: 821).

들뢰즈와 가타리 그리고 바라드까지 공통으로 지적하는 '물질의 흐름을 따라가는 것'은 인간의 행위와 재료 사이의 끊임없는 '조응' 과정이다. 잉골드가 재료와 인간 행위의 관계를 상호작용이 아니라 조응으로 규정하는 이유는 행위자와 재료를 고정된 실체로 보지 않기 때문이다. 고정된 실체들 사이의 관계는 상호작용이라고 부를 수 있지만 끊임없이 변화하고 흐르듯 변동하는 행위자와 재료의 관계는 상호작용으로 규정할 수 없다. 예를 들어 도기를 만드는 과정을 생각해 보자. 도공은 찰흙을 재료로 사용하며, 원반의 회전에 맞춰 찰흙을 만진다. 시간이 흐르면서 말라가는 흙과 함께 춤을 추듯이 그것을 손가락으로 매만지면서 리듬에 따라 움직이며 모양을 만든다. 도공의 손가락과 재료인 찰흙 사이에 회전대가 개입하고, 이 과정에서 생명을 지닌 도공과 무생물인 찰흙 그리고 회전대가 리듬에 따라 움직이며 모양을 만들어 낸다. 가네코 유는 이 과정을 '생물과 무생물의 댄스'라고 지칭한다(金子遊, 2022). 만들기는 물질세계에 참여해 사물과 힘을 합쳐 작품을 생성하는 과정이다. 이 과정을 '조응'이라고 부를 수 있다.

여기서 조응 개념을 '만들기' 행위에 적용하는 이유는

그림 6-2 상호작용과 조응

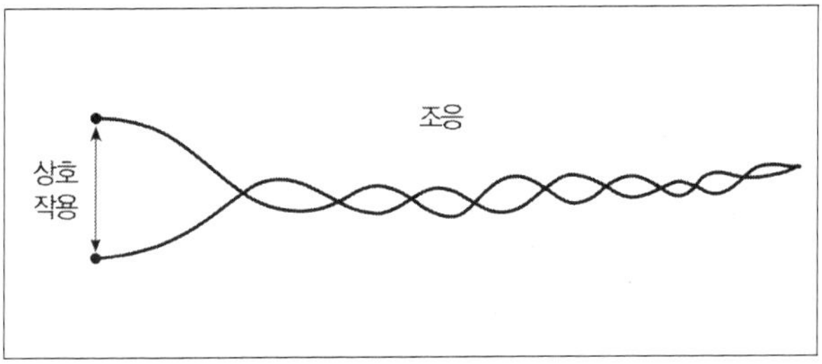

출처: Ingold(2013), 107

그 행위의 주체들(도공이라는 인간 행위자와 재료라는 비인간 행위자) 사이 관계가 춤을 추듯이 함께 조율하고 맞추는 과정이기 때문이다. 상호작용에서는 주체들이 서로에게 닫혀 있고 일종의 다리 역할을 하는 기제 없이는 연결될 수 없다. 잉골드는 상호작용과 조응의 차이를 보여 주는 그림을 제시한다(그림 6-2). 조응은 닫힌 체계인 상호작용과는 완전히 다른 모습을 띤다. 점으로 표시되는 주체들은 "움직이며 서로를 감싸고 꼬이는 선을 그린다. 이 선들은 대위법적 선율처럼 얽혀 있다"(Ingold, 2013: 107).

잉골드는 태양의 빛과 그것을 인식하는 사람의 눈 사이 관계를 다룬 요한 볼프강 폰 괴테(Johann Wolfgang von Goethe)와 야코프 폰 윅스퀼의 서로 다른 설명을 이용해

'조응'을 해명한다. 괴테는 '눈이 태양과 같지 않다면 태양을 볼 수 없을 것이다'라고 주장했다. 즉 눈이 태양 빛에 반응할 수 있도록 형성되었다는 점을 강조했다. 반면 윅스퀼은 이를 뒤집어 '태양이 눈과 같은 특성을 갖지 않는다면 그 어떤 하늘에서도 빛날 수 없을 것이다'라고 주장했다. 하늘을 비추는 천체의 빛으로서 태양이 눈을 가진 생명체의 '현상적 세계(Umwelt)' 내에서만 존재한다는 주장이다 (Ingold, 2013: 107). 조응은 닫힌 존재들 사이의 관계가 아니라 공유할 수 있는 세계에서 얽히는 관계다.

무엇인가를 만든다는 것은 능동적 주체의 구상과 설계를 수동적 대상에 투영해 물질적 형태로 구현하는 것을 의미하지 않는다. 만일 만드는 주체와 대상의 관계를 상호작용이라고 부른다면 닫힌 주체와 대상이 명확하게 구분되어 그 사이에서 나타나는 연관성이나 서로에게 일어나는 끊임없는 질적 변화를 설명할 수 없을 것이다. 그러나 그 관계를 조응이라고 부른다면 모습이 완전히 달라진다. 잉골드는 변화에 열린 주체들 사이의 얽힘 관계, 즉 춤을 추듯이 조율하고 서로에게 맞추며 그 과정에서 새로운 것을 생성하는 관계에 주목한다.

여기서 해명해야 할 두 가지 문제가 모습을 드러낸다. 우선 그림 6-2에서 볼 수 있듯 조응 관계는 점과 점 사이의 관계를 의미하지 않는다. 선으로 얽힌 관계다. 잉골드가 '선'에 주목하는 이유는 여기서 찾을 수 있다. 둘째 문제는 생명을 가진 주체로서 행위자들에 관한 것이다. 보통 생명 개념은 인간이나 동물 같은 존재에만 적용할 수 있다고 여겨진다. 그러나 물질과 같은 무생물에서도 동등하게 생명의 운동성을 찾아볼 수 있다.

참고문헌

金子遊(2021). "生物と物質のダンス". ≪たぐい≫, 3. Sarantoya 옮김(2022). "생물과 물질의 댄스-팀 잉골드에 관한 에세이". 사막여우(블로그).
https://sarantoya12.tistory.com/156

Barad, K.(2003). Posthumanist performativity: toward an understanding of how matter comes to matter. *Signs: Journal of Women in Culture and Society, 28*, pp. 801-831.

Barad, K.(2007). *Meeting the Universe Halfway: Quantum Physics and the Entanglement of Matter and Meaning.* Durham, NC: Duke University Press.

Deleuze, G. & Guattari, F.(2004). *A Thousand Plateaus: Capitalism and Schizophrenia.* London: Continuum.

Ingold, T.(2011). *Being Alive: Essays on Movement, Knowledge and Description.* London: Routledge.

Ingold, T.(2013). *Making: Anthropology, Archaeology, Art and Architecture.* London: Routledge.

07
애니미즘

애니미즘의 귀환은 인간중심주의의 붕괴를 보여 주는 강력한 징후다. 잉골드의 인류학을 이해하려면 애니미즘에 대한 그의 독특한 해석을 거쳐야 한다. 사물이나 비인간 동식물에 영혼이 깃들어 있다고 생각한 고전적 애니미즘과 달리, 잉골드의 애니미즘은 환경과 인간과 비인간 사이의 끊임없는 관계 맺기 과정에서 생성되는 동적 변화를 의미한다.

애니미즘에 관한 오해

잉골드의 후기 이론적 입장, 즉 '선'과 '날씨'와 같이 우리 일상에 존재하는 물질성을 구성하려는 주류적 입장에서 벗어나 현상학적 입장을 견고하게 구성하려는 시도를 이해하려면 물질성과 인식에 대한 그의 입장을 먼저 이해해야 한다. 여기서 중요한 것은 애니미즘(animism)에 대한 잉골드의 독특한 해석이다. 인류학을 포함한 현대 인문사회과학 분야에서 애니미즘이 다시 논의되기 시작한 것은 인간을 학문적 논의의 중심에 놓고 사고하는 인간중심주의의 공고한 아성에 대한 도전이 이루어지면서부터다. 이른바 '존재론적 전환(ontological turn)'이라고 불리는 학문적 운동이 확산하면서 제기되기 시작한 개념이 바로 '애니미즘'이었다. 애니미즘 개념은 물질적 존재가 갖는 행위성을 정당화하기 위한 다양한 논리적 탐구 과정에서 유력하게 제안되었다.

서구 학계에서 본격적으로 애니미즘을 개념으로 정리한 이는 19세기 말 문화인류학 분야를 개척한 영국의 인류학자 에드워드 버넷 타일러(Edward Burnett Tylor)였다. 타일러는 당시 서구 사회의 발전을 추동한 실증주의와 과학의 역할에 주목하면서 도덕적 문제를 다루는 종교에도 자연에 관한 탐구, 즉 자연과학적 방식을 적용해야 한다고 믿었다(유기쁨, 2023). 타일러에게 자연이라는 개념은 도덕적인 것과는 상관없는 개념이었다. 그런데 타일러는 비서구 사회의 사람들에게서 자연물에 영혼의 속성을 부여하는 행위가 나타남을 발견했다(Tylor, 1871). 비서구 사회에서 나타나는 이 특이한 경향에 주목한 타일러는 이를 '자연종교(natural religion)'로 규정했다(Kwon, 2018: 229). 하지만 종교과학을 체계화하려는 타일러의 시도는 당시 등장한 또 다른 학문인 사회학의 개척자 에밀 뒤르켐(Émile Durkheim)에 의해 평가절하된다(Durkheim, 1995). 뒤르켐은 타일러가 비서구 원시 사회에서 발견한, 자연물에 영혼의 속성을 부여하는 행위를 도덕적 또는 사회적 개념이 형성되기 이전 단계의 징후로 이해했다. 사회적 질서가 곧 도덕적 질서라고 보았던 뒤르켐에게 영혼 개념을 다루는 타일러의 방식은 부적합한 것으로 여겨질 수밖에 없었다. 즉 타일러의 '자연주의적 영혼론'은 뒤르켐의 사회학적 접근에 의해 붕괴한 것으로 간주된다(Kwon, 2018: 229).

뒤르켐이 사회학적 전통을 확립한 이후 애니미즘은 서구 근대주의적 시각에 근거해 비근대적 타자를 고립시키고 비판하기 위한 용어로 사용되었다. 즉 동식물에 영혼을 부여하거나 살아 있지 않은 사물에 영혼을 부여해 그것이 살아 있다고 여기는 '다른 사람들의 어리석은 믿음'으로 격하되었다(유기쁨, 2023: 133). 이렇게 애니미즘이 타자의 생각과 믿음 체계를 설명하는 데 사용된 목적은 자명하다. 살아 있지 않은 것들을 살아 있다고 착각하거나 인간뿐 아니라 사물까지 영혼을 갖고 있다고 여기는 어리석음을 강조하기 위함이었다.

그러나 최근 포스트휴머니즘이라고 불리는 광범한 사상적 경향이 확산하면서 축출할 수 있는 자원의 저장소로 여겨져 온 자연을 주변부에서 사고의 중심으로 복귀시키려는 시도가 이루어졌다(Ingold, 2025). 이러한 거대한 사상적 경향에서 자연과 함께 주변화되었던 애니미즘적 사고방식도 복권되었다. 애니미즘을 원시적 믿음 체계로 폄훼하던 과거 경향과 달리 복권된 애니미즘은 "다양한 공동체들의 삶의 방식에 주의를 환기하면서, 거의 규범처럼 암묵적으로 강요되어 온 근대성에 대한 풍부한 대안을 제시한다"(Harvey, 2006: xiii).

새롭게 부상한 애니미즘은 인간의 마음이나 영혼을 통해 타자를 이해하거나 사물을 이해하는 오래된 방식에서 벗어나 사물을 포함한 다른 종들 사이에서 관계성의 형성을 통해 드러난다고 여겨진다. 애니미즘에서 관계성을 강조하는 견해는 자연과 문화의 관계를 재해석한 필리프 데

스콜라(Philippe Descola)와 잉골드에게서 공통으로 발견된다. 잉골드는 애니미즘을 "매 순간 달라지는 영원한 흐름"인 환경 안에서 다른 "살아 있는" 존재를 민감하게 지각하고 행동하며 살아가는 방식으로 바라보는 새로운 관점을 제시했다(유기쁨, 2023: 180).

"관계"로서 애니미즘은 무엇을 의미할까? 사물이나 동식물 등 인간 외 다른 것과의 관계라는 맥락에서 애니미즘을 복권하려는 여러 학자가 관심을 두는 것은 바로 "행위성(agency)"의 문제일 것이다. 계몽주의 이래 인간을 세계의 중심에 위치시킨 이른바 인본주의(humanism)는 행위성을 인간만의 독점적 특성으로 보았다. 잉골드는 소위 '행위성 문제'에 대한 기존 이론가들의 논의를 비판한다. 여러 학자는 인간과 비인간 물체의 차이가 절대적이지 않다는 전제에서 출발한다. 인간이 주변 물체에 작용하면 이에 대한 반작용이 일어나면서 행위자성이 나타난다고 믿었다(예를 들어 Latour, 2005). 잉골드는 이러한 논의가 비인간 사물을 분리해 그 물체성(objectness)에 초점을 맞추려는 시도에서 시작된다고 주장한다. 이는 비인간 사물을 물질의 흐름이라는 일종의 생명 유지 체계에서 단절하는 결과를 가져온다(Ingold, 2013a). 단절이 아닌 연결, 주변 환경의 과정에 일부로서 참여하는 비인간 행위자의 행위성에 대한 잉골드의 해명은 몇 가지 흥미로운 사례를 통해 이해할 수 있다.

환경, 생명의 흐름 그리고 열린 세계

세계 안에서 존재는 끊임없이 형태를 만들어 내고 해체되는 순환 과정에서 의미를 획득한다. 의식의 흐름과 물질의 흐름은 시간의 흐름과 더불어 끊임없이 얽히고 조응한다. 잉골드에 따르면 사물은 이러한 순환에 몰입하면서 생명을 얻는다. 잉골드는 애버딘대학교의 4A 프로그램에 참여한 학생들과 함께 종이 한 장, 대나무, 리본, 테이프, 접착제, 끈을 사용해 연을 만드는 실험을 진행했다(Ingold, 2013b). 연을 만드는 작업은 실내에서 조립 과정으로 이루어졌다. 재료들을 조립해 실내에서 만들어진 연은 그 자체의 생명력이나 행위성을 가질 수 있을까? 바깥 들판에 나가 연을 날리자 연이 행위성을 갖기 시작한다. "빙빙 돌고, 회전하고, 곤두박질치고, 때때로 하늘을 날았다. 어떤 생명이 연 안으로 마법처럼 뛰어들어 연이 우리 의도와 다르게 행동하도록 만들었을까? 물론 그렇지 않다. 연 자체가 바람의 흐름에 몰입했기 때문이다."(Ingold, 2013a: 217)

> 실내에서 죽은 것처럼 보였던 연은 '공기 속의 연(kite-in-the-air)'이 되었다. 연은 더 이상 대상이 아니었다. 사실 연이 대상이었다고 볼 수 없다. 연은 사물이 되었다. 사물은 '사물화(thinging)' 안에서 존재하며, '공기 속의 연'은 그 '날기' 속에서 존재한다. 다시 말해 연이 실내에서 야외로 옮겨진 순간, 연은 움직일 수 있는 물건이라는 인식에서 벗어나 움직임 자체가 사물의 형태로 나타난 존재가 되었다.(Ingold, 2013a: 217)

잉골드가 제시하는 행위성은 환경과의 얽힘과 흐름 속에서 비로소 '생명력'을 갖는다. 이러한 애니미즘은 '조응' 개념을 통해 이해할 수 있다. 권헌익에 따르면 조응은 "개별 인간의 서로 다른 삶의 궤적이 교차하며 발생하는 상호작용, 또는 잉골드의 표현대로 길찾기(wayfinding)를 의미한다"(Kwon, 2018: 229). 이는 언어에 기반한 소통과 다를 뿐 아니라 집단 안에서 개인들이 공유하면서 형성되는 사회성과도 다르다. 길찾기는 주변 환경과의 끊임없는 관계 안에서 이루어진다.

또 다른 사례는 잉골드가 핀란드 사미족에 관한 현장 연구에서 경험한 순록의 행위와 관련된다. 잉골드가 순록들을 뒤쫓던 중에 갑자기 순록들이 관찰자의 존재를 알아차리고 꼼짝도 하지 않고 서서 그를 응시했다. 순록이 보이는 이 흥미로운 행위는 생물학적으로 충분히 설명 가능하다. 대표적인 포식자인 늑대를 조우했을 때 순록은 탈출하기 위해 도망가다가 갑자기 멈추어 늑대를 응시한다. 늑대도 물론 멈춘다. 이 순간 순록은 적절한 기회를 포착해 다시 달아나고 위험에서 탈출한다. 이러한 움직임은 포식자로부터 벗어나려는 도주 전략이라고 설명할 수 있다(Ingold, 2000).

하지만 잉골드가 관찰한 것은 이와 완전히 다르다. 순록을 사냥하는 캐나다의 크리(Cree)족은 순록이 이렇게 갑자기 멈추는 이유가 순록이 사냥꾼에게 '선의'를 보이기 때문이라고 설명한다. 즉 크리족은 순록이 항상 사냥꾼에게 사냥당하기만 하는 대상이 아니라 때로는 선의를 가지고 잡힌다고 믿는다. 순록이 자기를 내주는 행위로서 멈추어 사냥꾼과 눈을 맞춘다고 보는 것은 인간의 입장이 아니라 순록의 행위성을 통해 설명하는 방식이다. 잉골드는 이 같은 현상이 북극권에서 순록을 사냥하거나 목축하면서 동물들에게 의존해 생활하는 사람들에게 두드러지게 나타난다고 설명한다(유기쁨, 2023: 211).

이와 유사한 설명은 권헌익의 글에서도 발견할 수 있다. 북극권에서 사냥으로 생활하는 사람들은 복잡한 사회관계에서 떨어져 고립된 사람들로 오해되기 쉽다. 그러나 이들의 사냥 행위를 관찰하면 이들이 환경에서 고립되어 있다기보다는 환경 안에서 그 흐름에 조응하는 행동 방식을 보인다는 사실을 알 수 있다. 예를 들어 시베리아 사할린의 오로촌(Orochon) 원주민은 부부가 협력해 사냥을 한다. 이들은 남성 사냥꾼이 숲에서 사냥할 때, 여성은 집에서 인간 조각상에게 말을 걸고 노래를 부르면서 사냥에 참여한다고 말한다. 즉 남성 사냥꾼이 숲에서 사냥 대상을 발견하는 것은 여성 사냥꾼이 집에서 동물을 성공적으로 설득한 덕이라고 여긴다. 권헌익에 따르면 여기서 보이는 사냥 행위는 고립된 행위가 아니라 애니미즘적이고 토테미즘적인 의미로 가득한 관계다(Kwon, 1999).

잉골드에게 애니미즘은 사물이나 비인간 생물종에 인간과 동등한 영혼이 깃들어 있다는 의미를 넘어선다. 잉골드가 주장하는 '조응의 인류학'의 체계에서 애니미즘은 관계를 통해 형성되는 '생명'의 발생과 쇠퇴 과정을 지칭한다. 여기서 존재는 명사가 아닌 동사일 때 의미를 갖는다. 인간이 인간이 되는 것은 인간의 짓(humaning)을 통해서다. 순록이 순록이 되는 것은 순록의 짓(reindeering)을 통해서다. 이 모든 관계를 통해 되어 가는 과정이 바로 잉골드가 주장하는 애니미즘의 핵심이다.

참고문헌

유기쁨(2023). ≪애니미즘과 현대 세계≫. 눌민.

Deleuze, G. & Guattari, F.(2004). *A Thousand Plateaus: Capitalism and Schizophrenia*. London: Continuum.

Durkheim, É.(1995). *The Elementary Forms of Religious Life*. New York: Free Press.

Harvey, G.(2006). *Animism: Respecting the Living World*. New York: Columbia University Press.

Ingold, T.(2000). *The Perception of the Environment: Essays on Livelihood, Dwelling and Skill*. London: Routledge.

Ingold, T.(2011). *Being Alive: Essays on Movement, Knowledge and Description*. London: Routledge.

Ingold, T.(2013a). Being alive to a world without objects. In Harvey, G.(ed.). *The Handbook of Contemporary Animism*, pp. 214–225. London: Routledge.

Ingold, T.(2013b). *Making: Anthropology, Archaeology, Art and Architecture*. London: Routledge.

Ingold, T.(2025). For a new humanism. *2025 SNU International Symposium-Bodily Sociology: Trans-corporeality in Anthropocene*. Seoul: Seoul National University.

Kwon, H.(1999). Play the bear: Myth and ritual in East Siberia. *History of Religions, 38*, pp. 373–387.

Kwon, H.(2018). Return to animism. *Interdisciplinary Science Reviews, 43*(3–4), pp. 228–236.

Latour, B.(2005). *Reassembling the Social: An Introduction to Actor-Network-Theory*. Oxford: Oxford University Press.

Tylor, E. B.(1871). *Primitive Culture. Vol 1*. London: John Murray.

08
덩이의 인류학에서 선의 인류학으로

장소와 풍경에 대한 이해는 자연스럽게 '선'으로 이어진다. 잉골드는 선 또는 선형성 하면 떠오르는 발전, 근대화, 식민주의 같은 전형적 관심사에서 벗어나려 했다. 그 대신 선에 대한 잉골드의 관심은 즉흥성과 생성에 초점을 맞춘다. 잉골드에 따르면 모든 세계는 점이나 덩이가 아니라 선의 얽힘과 풀림을 통해 이루어진다.

삶은 경로를 따라 사는 것

'선'으로의 전환은 잉골드가 밟은 지적 경로의 자연스러운 귀결처럼 보인다. 선에 대한 잉골드의 관심은 인류학에서 지배적인 패러다임이라고 할 수 있는 서구 근대성, 제국주의, 식민주의, 탈식민주의와 같은 논의에서 벗어난 연구 접근법을 어떻게 다룰 것인지에 대한 고민과 연결된다. 보통 선이나 선형성(linearity)에 관한 이야기는 선형적 시간성, 선형적 인과관계, 선형적 발전 모델 또는 식민화의 궤적과 같은 개념으로 이어진다. 잉골드는 이러한 고정된 틀을 벗어나는 선이나 선형성에 대한 상상을 도입하려 했다. 선의 '생성적 성격'에 대한 관심이 그것이다.

잉골드가 처음 관심을 보인 주제는 풍경과 거주지와 거주자 사이 관계였다. 풍경과 거주를 고정된 것이 아니라 흐르는 시간 안에서 끊임없이 변동하고 움직이는 것으로 이해하면서 선의 인류학을 향한 연구 영역 확장의 실마리를 발견했다. 잉골드는 풍경이나 거주 개념을 고정된 전통의 집합체로 보는 대신 세상을 통과하는 움직임의 경로로 이해해야 한다고 주장한다. 움직임의 경로는 이미 정해진 고정된 길을 수동적으로 따라가는 것이 아니라 즉흥적인 과정이다(Ingold, Gibb, Tonner & Malara, 2024: 156). 그 의미를 좀 더 확실하게 보여 주는 것은 사물에 대한 관점이다. 예를 들어 나무는 바람의 흐름에 반응해 움직이는 '공기 속의 나무'로, 돌은 강물의 흐름에 따라 구르는 '물속의 돌'로 이해해야 한다. 우리는 나무와 돌을 명사로서 이름으로 이해하지만, 엄격히 말해 그것들은 '공기 속의 나무', '물속의 돌'이어야 한다. 즉 동사로서 이해가 필요하다. 집도 마찬가지다. 인공적으로 건축된 건물로서 '집'은 완결된 명사라고 생각될 수 있지만, 실제 건물로서 집은 "땅 위의 기초에 놓이고, 자연 요소에 휘둘리며, 새·설치류·곰팡이와 같은 생명체들의 방문에 노출된다"(Ingold, 2013: 216). 집과 같은 건물에 대한 근본적 경험은 명사의 형태가 아니라 동사적 형태로 이루어진다.

"결코 완성된 적 없는 건물로서 집"이라는 말이 의미하는 바는 건축이나 집과 같은 인공물도 완전하게 고정되는 지점이 없다는 것이다. 따라서 끊임없이 변동하는 존재 자체의 모습을 담아낼 틀이 필요했다. 잉골드는 이러한 시도를 '길찾기' 또는 '행려(wayfarer)'에 비유한다. 이야기와 노래 같은 서사를 구성하는 행위는 '길찾기'와 다르지 않다. 잉골드에 따르면 호주 원주민들은 길을 걸으며 이야기를 전하기도 한다. 조상의 업적에 관한 이야기를 하는 동시에 조상들이 활동을 통해 창조한 바로 그 풍경을 걸어간다.

그리고 길찾기와 같은 이야기는 원래 정해진 경로로 움직이지 않는다. 매 순간 끊임없이 반응하고 환경에 조응하는 즉흥적이고 생성적인 행위다.

생성적이고 즉흥적인 길찾기 같은 행위의 결과인 경로는 확실하게 고정되지 않는다. 그저 흔적으로 기억에 남거나 풍경에 각인된다. 잉골드가 '선'에 집중한 이유가 여기 있다.

덩이에서 선으로

잉골드가 탐구하는 선의 인류학의 전체 내용을 이해하려면 세계를 바라보는 한 가지 중요한 원칙을 먼저 알아볼 필요가 있다. 잉골드는 선과 덩이를 대비해 세계에 대한 관점을 제시한다. 보통 사회성은 행위자들이 집단을 이루면서 만들어지는 상호작용의 결과로 여겨진다. 그 결과는 집합을 이루는 덩이와 같은 형태가 될 것이다. 그러나 잉골드는 이 덩이가 결코 '사회적 삶'이 아니라고 주장한다. 덩이는 항상 특정한 공간을 차지한다. 이러한 영토화(territorialisation) 과정에서 덩이들은 서로 부딪히고 뭉치며 "물 표면에 쏟아진 기름방울처럼 더 큰 덩이에 녹아들기까지 한다"(Ingold, 2015/2024: 17). 또한 덩이는 공간을 점유하면서 부피와 밀도, 질량이 형성된다. 덩이로 이루어진 관계에서는 합쳐지는 개별 행위자의 특성이 사라진다.

잉골드에 따르면 사회성은 그 안에 개별 행위자의 특성이 살아 있으면서 총합의 특성이 생성되고 유지되어야 한다. 하지만 집합을 덩이로 바라본다면 이러한 특성이 드러나지 않으며 그것은 고정되고 움직임이 없는 상태가 된다. 사회적 삶이란 끊임없는 동적 상황이 지속되고 생성을 반복하는 것이다. 사회적 삶을 운동의 한 형태로 본다면 덩이와는 다른 형식의 설명이 필요하다. 이 대목에서 '선'이 등장한다. 선에는 비틀림과 구부림 그리고 활발함이 있다. 선이 생성되면서 덩이의 영토와 독점성을 벗어나 생명이 시작된다(Ingold, 2015/2024: 18). 잉골드가 선에 집중하는 이유는 선이 지닌 운동성과 끊임없이 얽히고 풀어지는 효과 때문이다. 더구나 선은 자신의 특성을 유지한 채 다른 선과 엮이고 매듭을 짓는다. 선에는 시작과 끝이 없다. 선은 끊임없이 얽히고 매듭짓고 풀리는 움직임의 연속이자 생성의 연속 과정이다. 해러웨이가 이야기했듯 실뜨기는 참여자가 중단하지 않는 한 지속되고 그 패턴이 계속 변화한다. 이처럼 '선'으로 이루어진 사회적 삶은 그 개별 특성이 유지되지만 시간이 흐르고 상황이 달라지면서 그 형태가 지속적으로 변화한다. 잉골드는 이 과정이 끊임없는 운동의 과정이며 그것이 바로 '사회적 삶'이자 '생명'의 특성이라고 주장한다.

그물망

사회적 삶은 단순한 관계성에 기초하지 않는다. 다양한 요소들, 예를 들어 몸과 마음의 변화와 운동 그리고 주변 환경과 객체들이 매우 복잡하게 얽혀 있다. 따라서 사회적 삶을 단순히 "관계"나 "네트워크"와 같은 개념으로 설명할 수는 없다. 잉골드는 이러한 동적 상태를 앙리 르페브르(Henri Lefebvre)의 "그물망(meshwork)" 개념으로 표현한다. 그물망 개념은 행위의 주체가 선으로 이루어져 있거나 선의 뭉치로 되어 있다고 전제한다. 선은 교차점에서 합류하는 데 그치지 않고, 또 다른 선들과 엮이고 풀리기를 반복하며 계속해서 나아간다(차은정, 2024: 309). 만일 그물망을 선의 교차점으로 묘사한다면 그물망이 지닌 복잡한 얽힘과 질감을 담아낼 수 없다. 잉골드는 인간과 비인간의 활동이 보이는 움직임과 리듬이 살아 있는 공간은 텍스트라는 언어적 구성이 아니라 선의 조직망 즉 질감(texture)

으로 이해해야 한다고 주장한다. 그리고 그 질감을 '그물망'으로 정의한다(Ingold, 2013: 223).

이 지점에서 잉골드의 '그물망'은 라투르가 제안한 행위소들의 결합과 그 결절로 이루어진 '네트워크'와 구별된다. 라투르의 네트워크에서 점과 점 사이는 출발점인 동시에 도착점으로 기능한다. 선은 서로 교차하고 결절점을 만들어 내면서 합류한다. 라투르의 행위자-연결망 이론(Actor-Network Theory)은 인간/비인간 행위자가 결합해 이루는 혼종적 존재를 묘사한다. 그러나 잉골드는 이러한 혼종성을 설명하는 이른바 '일반적 대칭성'을 비판적으로 평가한다. 즉 인간 이외의 비인간을 뭉뚱그리는 포괄적 범주화에 문제를 제기하면서 동등성과 대칭성을 주장하는 것은 잘못된 접근이라고 가차 없이 비판한다. 잉골드에게 "행동의 본질은 앞서 생각하는 데 있는 것이 아니라, 신체 운동과 인식의 밀접한 결합"에 있기 때문이다(Ingold, 2011: 93). 결국 행위자-연결망 이론이 말하는 네트워크는 세계를 파편들이나 조각들의 배치로 보며, 그 속에서 인간과 비인간의 결합은 닫혀 있는 연결망으로 작동하고 자기를 담는 컨테이너 역할을 하게 된다. 또한 잉골드는 라투르가 원래 프랑스어로 표현하려 했던 행위자-네트워크(actor-network)가 영어로 번역되면서 왜곡되었다고 지적

한다. 영어에서 'network'가 갖는 의미의 주요한 속성은 '연결성(connectivity)'이다. 그러나 프랑스어에서 'réseau'는 네트워크뿐 아니라 그물망, 레이스의 무늬, 신경망 구조, 거미줄의 직물 등의 의미를 포괄한다. 만일 라투르가 'réseau'의 의미에 충실했다면 그의 의도는 단순히 인간/비인간의 관계성 그리고 행위성의 상호작용을 보여 주는 데 있지 않았을 것이다(Latour, 1999: 15).

잉골드에 따르면 인간과 비인간의 관계는 상호작용의 선이 아니라 '따라가는(along)' 관계다. 일반적으로 사물의 삶은 단일한 선이 아니라 여러 개의 선을 따라 이어지고, 중심에서는 매듭지어져 있지만 주변부는 느슨한 끝으로 흩어지는 모양이다. 사물은 끊임없이 가지를 뻗어 가는 성장하는 선의 그물망으로 나타날 수밖에 없다(Ingold, 2013: 223). 잉골드는 이러한 비판적 관점에 입각해 행동을 끈으로 묶인 다발이나 조직처럼 단단히 연결되고 "복잡한 지하의 뿌리 시스템 중에서 일부가 눈에 보이는 것과 같은 것"으로 설명한다(Ingold, 2011: 91). 잉골드의 그물망은 들뢰즈와 가타리가 제안한 리좀(rhizome) 개념과 유사해 보인다(Deleuze & Guattari, 2004). 잉골드는 이를 좀 더 구체적으로 설명한다. "끊임없이 갈라지고 짜인 성장의 선들로 이루어진 망을 상상해야 한다. 나는 이를 표현하는 것

그림 8-1 그물망

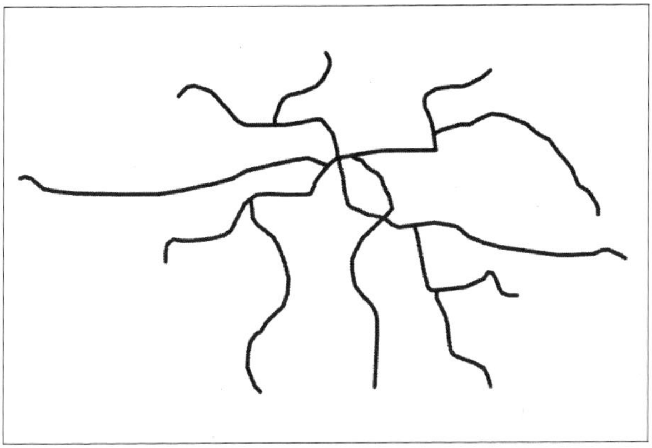

출처: Ingold(2011), 70

으로 곰팡이 균사체(fungal mycelium)의 이미지를 더 선호한다."(그림 8-1 참조)

잉골드는 선들이 맺는 유동적 관계를 사회적 삶의 핵심으로 여긴다. 선과 신의 뭉치들은 서로 꼬여 매듭을 형성한다. 사회관계는 고정되거나 불변하는 것이 아니라 얽히고 풀리기를 반복하는 과정이다. 이 매듭의 위상은 내부와 외부가 없는, 즉 경계를 구성하기 힘든 것으로 생각해야 한다(Ingold, 2016: 11). 보통 사회학에서 '사회적인 것(the social)'에 관한 논의에서 빠지지 않는 학자가 프랑스의 사회학자 뒤르켐이다. 뒤르켐은 사회적 관계를 한 덩이가 다른 덩이를 만나 형성되는 결과물로 보았다. 이는 구리 덩이와 주석 덩이가 결합하면 구리와 주석의 본질은 사라지고 환원 불가능한 형태의 합금인 청동이 만들어지는 것과 유사하다. 이질적 행위자가 만나 상호작용하면 놀랍게도 새로운 형태의 '사회 구성원'이 탄생한다. 이에 따라 '사회는 개인들의 합 그 이상이다'라는 결론이 도출된다. 그러나 잉골드의 접근은 이와 사뭇 다르다. 사회적 삶은 덩이와 덩이의 결합으로 이루어지지 않는다. 잉골드는 그물망 세공처럼 선과 선의 묶음이 서로 결합하면서 궤적을 남기고 중간에서 결합이 이루어지는 동적 과정에 주목한다. 이 과정을 통해 만들어지는 것은 환원할 수 없는 요소로 구성된 덩이로서 사회가 아니다. 차이가 지속되며 완전히 포괄적이지도 통합적이지도 않은 중간의 지위를 유지하는 것으로서 사회다. 잉골드는 사회를 이질적인 요소들이 결합해 조화를 이루는 과정으로 본다. 사회적 삶이란 외부에 존재하는 '사회'라는 외재적 실체를 형성하고 그 안에서 작동하는 삶이 아니다. 사회적 삶은 행위 당사자들 사이에서 발생하는 상호결합과 상호침투(interpenetration)의 관계다.

참고문헌

차은정(2024). “기후 위기 시대의 우주적 상상력: 지구 주민의 인류학”. 팀 잉골드 지음, 차은정 외 옮김. ≪모든 것은 선을 만든다≫, 305-321쪽. 이비.

Deleuze, G. & Guattari, F.(2004). *A Thousand Plateaus: Capitalism and Schizophrenia.* London: Continuum.

Ingold, T.(2007). *Lines: A Brief History.* Cambridge: Polity. 김지혜 옮김(2024). ≪라인스: 선의 인류학≫. 포도밭.

Ingold, T.(2011). *Being Alive: Essays on Movement, Knowledge and Description.* London: Routledge.

Ingold, T.(2013). Being alive to a world without objects. In Harvey, G.(ed.). *The Handbook of Contemporary Animism,* pp. 214-225. London: Routledge.

Ingold, T.(2015). *The Life of Lines.* London: Routledge. 차은정 외 옮김(2024). ≪모든 것은 선을 만든다≫. 이비.

Ingold, T.(2016). On human correspondence. *Journal of the Royal Anthropological Institute, 23,* pp. 9-27.

Ingold, T.(2020). *Correspondences.* London: John Wiley & Sons. 김현우 옮김(2024). ≪조응: 주의 기울임, 알아차림, 어우러져 살아감에 관하여≫. 가망서사.

Ingold, T., Gibb, R., Tonner, P., & Malara, D. M.(2024). *Conversations with Tim Ingold: Anthropology, Education and Life.* Edinburgh: Scottish Universities Press.

Latour, B.(1999). On recalling ANT. In Law, J. & Hassard, J.(eds.). *Actor Network Theory and After,* pp. 15-25. Oxford: Blackwell.

09
조응과 상호침투성

잉골드가 정초한 '선'의 인류학의 핵심은 조응과 상호침투성이다. 잉골드는 지속적 변화와 운동성에 집중하면서 세상을 외부에서 주어진 것 혹은 고정되고 실체가 있는 존재로 바라보는 관점을 비판한다. 그 대신 선의 얽힘과 풀림을 지속적 변화와 운동성을 담아낼 수 있는 사고의 핵심 요소로 제시한다.

상호작용이 아닌 상호침투

잉골드는 '사회적인 것'의 속성을 처음으로 제기한 뒤르켐의 접근법을 '덩이'의 사회학으로 평가하면서 자신이 구상하는 독특한 '사회적 삶'을 드러낸다. 잉골드의 사회적 삶은 덩이가 아니라 선으로 이루어진 삶이다. 뒤르켐에게 사회는 덩이에 불과하고 외재적이다. 행위자 상호간에 이루어지는 관계의 동적 작용과 융합의 과정, 즉 상호침투는 사회라는 외재적 속성과 만나는 순간 사라진다(Ingold, 2015/2024: 28). 잉골드가 주목하는 것은 뒤르켐의 외재적 속성으로서 '사회'가 아니다. 그 대신 잉골드는 ≪증여론(The Gift)≫이라는 놀라운 저서를 출간한 프랑스의 사회학자이자 인류학자인 마르셀 모스를 주목한다. 모스는 뒤르켐에게 '사회'에 관한 연구를 이어받았지만, 스승과는 매우 다른 방식의 해석을 내놓는다(Mauss, 1954).

20세기에 쓰인 고전 ≪증여론≫은 왜 1990년대 들어 사회학과 경제학을 비롯한 사회과학에서 중요한 연구 대상이 되었을까? 1980년대 이후 신자유주의적 지구화가 빠르게 확산하면서 유럽은 케인스주의를 통해 구축해 온 복지국가 제도의 위기를 경험했다. 개인주의적 공리주의에 기초한 경제학 모델이 경제학을 넘어 사회 현상 전반을 설명하는 일반 이론으로 주도권을 잡는 데 위기감을 느낀 인문사회과학자들이 찾은 것이 바로 모스의 ≪증여론≫이었다(오명석, 2024: 16).

사회성은 외재하는 것이 아니라 내재하는 상호침투성의 영속적 움직임이다. 모스는 선물 교환 행위를 분석하면서 "내가 너에게 주는 선물, 그리고 너의 존재 자체에 통합된 선물이 어떻게 나와 완전히 결합한 채 있을 수 있는지 보여 준다. 선물을 통해 나의 앎은 너의 앎을 뚫고 들어간다. 즉 나는 너의 사고 속에 너와 함께 있다. 또한 네가 답례한 선물을 통해 너는 나의 사고 속에 나와 함께 있다. 그리고 우리가 [선물을] 주고받는 한 이 상호침투는 계속해서 수행될 수 있다. 우리의 삶은 말 그대로 맞잡은 두 손처럼 서로를 함께 묶거나 맞당긴다"(Ingold, 2015/2024: 28-29). 이처럼 잉골드는 모스가 묘사하는 사회적 삶의 내재성과 일원성을 강조한다. 이렇게 밀고 당기고 맞잡는 행위를 통해 만들어지는 결속을 '사회적 삶', 그 움직임을 '조응'이라고 부른다. 잉골드에게 사회적 삶은 덩이들의 부착이 아니라 선들의 조응에 있다.

잉골드의 전체 연구에서 조응은 항상 등장하는 핵심 개념이다. 그런 이유로 다시 한번 '조응'에 대해 정리하고 넘어갈 필요가 있다. 조응은 사회과학에서 과도하게 사용되는 '상호작용'의 반대에 서 있는 개념이다. 그렇다고 상호작용이 일어나지 않는 정적이고 고립된 상태를 의미하지는 않는다. 오히려 조응은 더욱더 역동적이고 끊임없이 관계를 맺는 과정을 설명하기 위해 고안된 개념이다. 잉골드에 따르면 조응은 마치 두 사람이 나란히 걸어가는 것과 같다. 두 사람이 길을 걸으며 대화를 나누고 있다고 상상해보자. 서로 직접 마주 쳐다보지는 않지만, 고개를 돌려 동반자와 대화를 나눌 수 있다. 함께 걸어가면서 앞에 펼쳐지는 풍경을 공유하며 말이나 물건이 끊임없이 오가는 상황이다. 말이나 물건이 오가는 상황이 '상호작용'이라면, 조응은 두 사람이 선이 되어 끊임없이 서로에게 응답하는 과정을 가리킨다(Ingold, Gibb, Tonner & Malara, 2024: 161).

잉골드는 선의 인류학이라는 새로운 연구 영역을 개척하면서 '생명'과 '물질'을 분리하거나 각각의 특성을 찾아내는 대신, 그 둘이 선의 운동을 통해 끊임없이 생성되고 유지되며 다시 해체되는 과정에서 일원론적으로 결합함을 보여 준다. 선물에 대한 모스의 설명과 같이 물질적 교환물인 선물과 생명을 갖고 있는 행위자의 결합을 통해 끊임없이 형성되는 교환의 연쇄 고리와 사회적 삶의 형성을 보여 준다. 이로써 물질과 생명을 외재적이고 분리된, 따라서 초월적인 존재가 아니라 내재적인 존재로 보며 "인간을 포함한 모든 유기물과 무기물 각각이 생명의 선을 무수하게 도주하면서 뒤얽히는 상태로서 세계를 그려 내려 한다"(柳澤田美, 2017). 잉골드가 강조하는 도주하는 선의 뒤얽힘은 덩이로 세계를 보는 다양한 사회학적·인류학적·철학적 입장과 잉골드 자신의 입장을 구분하는 준거가 된다. 예를 들어 잉골드는 최근 철학계에서 주목받는 객체지향 존재론을 세계를 빌딩 블록이나 체인 그리고 컨테이너로 보는 방식의 대표적 사례로 제시한다. 사물의 존재를 긍정하고 그것의 객체로서 지위를 강조하는 객체지향 존재론의 주장은 그저 명사 형태로 존재하는 고정성에 대한 강조일 뿐이라고 비판한다. 사물은 끊임없이 움직이면서 세계 속에 들어올 때 생명이 불어넣어질 수 있다. 즉 사물은 명사 형태로 존재하는 것이 아니라 동사 형태로 존재한다. 다시 말해 세상의 모든 것은 그 자체로 운동의 과정을 겪으면서 다른 것들과 얽히고 풀어지는 효과를 일으킨다. 이것이 비활성 물질과 생명을 나누어 생각하는 기존 관점에 대한 잉골드의 비판적 돌직구다. 잉골드에 따르면 활성(animacy)은 생명과 물질의 이원론에 앞서며, 근본적으로 관계성에 열려 있다. 비활성 물질로 생각되는 것들도 알고 보면 그 움직임의 자취와 흔적을 남기고, 우리가 알게 모르게 끊임없이 운동하고 있다.

움직이는 태양

선과 운동 그리고 활성의 문제를 가장 잘 드러내는 사례를 살펴보자. 알래스카 코유콘족의 문화에서 동물의 이름은 항상 명사가 아니라 동사다. 동사로 이름을 부른다는 것은 고정되고 정체되어 있는 덩이로서 동물이 아니라 항상 움직이고 운동하는 모습에서 그 고유의 특성을 찾아냄을 의미한다. 또한 북미의 평원에서 발견되는 비문에서 태양은 하나의 고정된 특징이 명사적으로 묘사되는 것이 아니라 움직임과 그 흔적을 따르는 동사적 묘사로 나타난다. 그림 9-1에서 볼 수 있듯 북미 지역 선주민들이 바라본 태양은 활활 타오르는 고정된 원형이 아니다. 그 대신 그들은 동쪽에서 서쪽으로 움직이는 궤적을 표현한다. 선의 끝에 표시된 부분은 태양이 떠오르거나 지는 모습을 나타낸 것이다. 여기서 태양은 하늘을 가로지르는 궤적을 갖는 운동성 그 자체다. 대상이 아니라 "하늘을 통과하는 길"이다. 잉골드가 왜 대상이 아니라 움직임으로서 '선'에 집중하는지 알 수 있는 대목이다.

한편 우리는 보통 태양을 그림 9-2와 같이 그릴 것이고 그 움직임을 선을 이용해 표시할 것이다. 하지만 가만히 생각해 보면 대상이나 덩이로서 태양은 항상 하늘을 가로지

그림 9-1 북미 평원 지역의 태양에 대한 상형문자

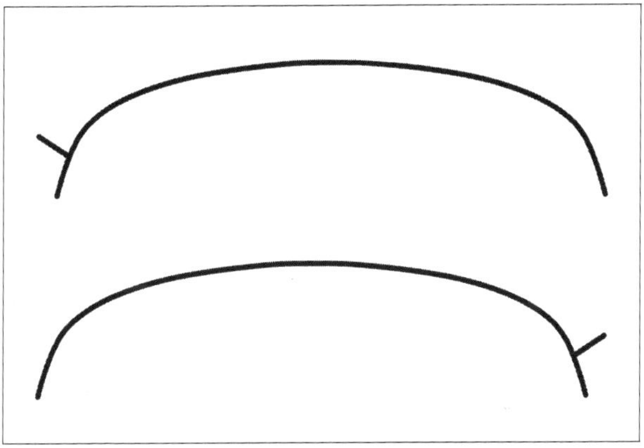

출처: Ingold(2011), 72

르고 우리의 기억에 흔적을 남긴다. 선의 인류학은 바로 이러한 움직임을 따라 "참여하고 함께하는 것", 즉 "조응"의 활동이다.

민족지 연구와 인류학적 참여관찰 연구는 대상에 대한 묘사를 바라보고 이해하는 관점에서 명확한 차이를 드러낸다. 스스로 유동하는 행위자에 대한 이해는 관찰자 자신과 대상을 분리하는 이른바 객관적 입장과는 거리가 멀다. 스스로 유동하는 것을 관찰하는 잉골드의 접근법은 행위와 지각을 통한 참여다. 그 안에서 새로운 선 즉 유동하는

그림 9-2 태양의 움직임에 대한 우리의 묘사

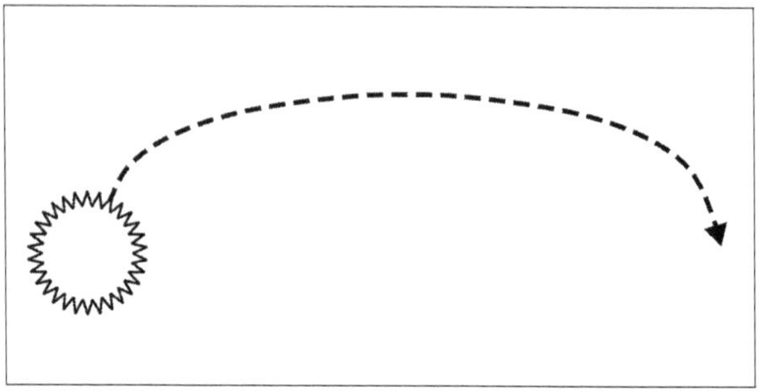

출처: Ingold(2011), 72

것의 얽힘이 생긴다. 즉 인류학적 참여관찰 연구는 참여를 통한 얽힘과 이해의 과정이다. 선의 발생과 얽힘의 유동적 관계에 대한 묘사는 세계에 대한 몇 가지 중요한 원칙을 제시한다. 첫째, 세계는 유동하는 상태다. 둘째, 그 세계는 생성하는 선들의 뒤얽힘이다. 셋째, 비활성의 물질 속에서 살아가는 인간의 사고나 표상을 투영하는 이해 방식은 중지되어야 한다. 넷째, 세계를 관찰하는 인간도 유동하는 선의 일부며 참여자로서 세계의 흐름의 일부를 이룬다(柳澤田美, 2017).

그렇다면 세계 안에 존재하는 것들을 유동적 운동으로, 선으로 본다는 것은 무엇을 의미할까? 태양의 모습을 그

궤적과 흔적으로 본다는 것은 항상 그 존재를 움직이고 유동적인 것으로 봄을 의미한다. 유동적인 것, 즉 선으로 인식하는 것은 물질적인 것뿐 아니라 비물질적인 것까지 포함한다. 행위자의 감정이나 감각적 흔적(냄새, 소리 등)의 풀어짐과 퍼짐을 인지하는 방식 역시 선으로 이루어진다. 특히 발자국은 선과 선의 얽힘이 만든 흔적의 일종이다. 이렇듯 선과 선의 얽힘과 풀림 그리고 그 흔적은 물질적이기도 하고 비물질적이기도 하다. 이 선에는 시작도 끝도 없으며 그 얽힘의 메커니즘은 법칙적이지 않고 흐름에 따른 우연의 결과일 뿐이다. 이 모든 움직임에는 목적도 계획도 없다. 이러한 맥락에서 잉골드는 선의 움직임을 행려자의 움직임과 걷기에 비유한다. 보행자는 윤곽을 그리고 자신이 나아갈 길을 계획하며 걷는다. 반면 행려자는 윤곽을 따라 걷는 사람이 아니다. 조망하지 않고 그저 앞에 간 사람들과 상황에 따라 움직인다(Kwon, 2018). 행려자는 한곳에 영구적으로 머물지 않는다. 정착하지 않고 흘러가듯이 움직인다. 이러한 삶은 선의 얽힘과 풀림 그리고 다시 얽히는 과정과 같다. 행려자의 움직임은 잘 계획된 매끈한 공간에 그려지는 움직임이 아니다. 울퉁불퉁하고 앞을 예측하기 어렵지만, 그 상황에 임기응변으로 대처하면서 나아가는 움직임이다.

이러한 움직임을 평평한 공간으로 옮겨 보자. 우리는 보통 공간을 생각할 때 빌딩 블록을 쌓아 가면서 그 형태와 높이를 구성하는 이미지를 떠올린다. 빌딩 블록을 구축해 형성되는 공간의 이미지가 전제하는 것은 평평한 지면이다. 지면은 일종의 플랫폼이자 인위적 공간과 자연적 공간을 구분하는 경계면으로 기능한다. 그러나 자연 상태에서 직선이나 완전한 평면으로 이루어진 것은 거의 없다. 우리가 알고 있는 완벽하게 평평한 공간이나 지면은 인위적 조건일 뿐이다. 자연 상태에 그런 것은 없다. 항상 울퉁불퉁하고 예측 불가능하다. 예컨대 우리는 2008년 아이폰이 등장하면서 평평한 스크린을 쓸어내리거나 터치함으로써 작동하는 기술을 갖게 되었다. 이 인공물로 인해 현실에 대한 이미지는 완전히 달라졌다. 완전히 평평한 공간을 쓸어내리거나 터치해 문자를 입력하거나 기계를 작동할 수 있다는 사실은 세상이 평평하다고 선언하는 새로운 상상의 공간을 열었다. 그 이전의 상황은 우리의 실제 삶과 비슷했다. 울퉁불퉁하게 굴곡진 키보드를 통해 입력하고 이리저리 옮겨야 하는 커서를 움직이면서 삶의 굴곡과 난관을 손끝으로 체험할 수 있었다. 하지만 이러한 체험은 평평함과 부드러운 스크린의 감각으로 대체되었다. 완전한 평면과 평평함은 자연에 없다. 그리고 실제 사회적 삶과도 일치할 수 없다. 그러나 우리는 그 평평하고 완벽하게 만들어진 부드러운 스크린 위에서 무엇인가를 쌓아 만들어 낼 수 있다는 환상을 갖게 된다. 잉골드가 지적하는 선의 사회적 삶은 근대적 기술에 의해 성취된 이러한 공간이 아니다. 그 공간은 덩이의 공간일 뿐이고 사회적 삶을 제대로 구현할 수 없다. 우리가 주목해야 하는 것은 울퉁불퉁하고 굴곡진 현실의 공간과 삶이다. 예측할 수 없는 곳에서 얽히고 매듭지어지고 풀리기를 반복하는 방랑자의 움직임처럼 공간도 그렇게 형성되는 조우의 공간이어야 한다. 이렇듯 선으로 이루어진 세계에 대한 이해는 현실적이며, 자연 상태에 이분법적으로 접근하는 대신 사회적 삶과 생명이 모두 함께 존재하는 세계를 포착한다. 그 세계는 끊임없이 유동하고 움직이며 서로 얽히는 그물망처럼 엮인 세계다. 바깥에 나가 한 걸음만 움직임을 멈추고 주변 세상을 돌아본다면 '선으로 이루어진 세상'을 이해하기란 그리 어려운 일이 아닐 것이다. 고정되고 안정되어 보이는 세상은 사실상 지속적으로 움직이고 유동하는 선과 그 흔적으로 이루어졌음을 이해할 것이다. 나 자신도 그 안에 서 있으며, 편입되고 얽히고 풀리기를 반복하는 조응의 관계에 있다는 것을 인식한다면 잉골드가 보여 주려 하는 '선의 인류학'의 근본 원리를 이해할 수 있을 것이다.

참고문헌

오명석(2024). ≪마르셀 모스: 선물론≫. 서울대학교출판부.

차은정(2024). "기후 위기 시대의 우주적 상상력: 지구 주민의 인류학". 팀 잉골드 지음, 차은정 외 옮김. ≪모든 것은 선을 만든다≫, 305-321쪽. 이비.

柳澤田美(2017). "どのように線を描けばよいのか". ≪現代思想≫, 3月臨時增刊号. Sarantoya 옮김(2017). "선을 어떻게 그릴 것인가?-팀 잉골드의 경우". 사막여우(블로그). https://sarantoya12.tistory.com/114

Ingold, T.(2007). *Lines: A Brief History*. Cambridge: Polity. 김지혜 옮김(2024). ≪라인스: 선의 인류학≫. 포도밭.

Ingold, T.(2011). *Being Alive: Essays on Movement, Knowledge and Description*. London: Routledge.

Ingold, T.(2013). *Making: Anthropology, Archaeology, Art and Architecture*. London: Routledge.

Ingold, T.(2015). *The Life of Lines*. London: Routledge. 차은정 외 옮김(2024). ≪모든 것은 선을 만든다≫. 이비.

Ingold, T.(2016). On human correspondence. *Journal of the Royal Anthropological Institute, 23*, pp. 9-27.

Ingold, T.(2020). *Correspondences*. London: John Wiley & Sons. 김현우 옮김(2024). ≪조응: 주의 기울임, 알아차림, 어우러져 살아감에 관하여≫. 가망서사.

Ingold, T., Gibb, R., Tonner, P., & Malara, D. M.(2024). *Conversations with Tim Ingold: Anthropology, Education and Life*. Edinburgh: Scottish Universities Press.

Kwon, H.(2018). Return to animism. *Interdisciplinary Science Reviews, 43*(3-4), pp. 228-236.

Mauss, M.(1954). *The Gift*. London: Routledge & Kegan Paul.

10
선, 날씨, 대기

선의 인류학은 날씨와 대기로 확장된다. 다시 말해 선의 얽힘과 풀림의 지속적 운동은 물질 매개로서 날씨와 대기로 확장된다. 생활세계를 구성하는 날씨와 생명이 호흡하는 대기는 생명을 생성하고 지속하는 데 중요한 요소다.

물질 매개로서 대기

잉골드의 인류학적 관심은 날씨와 대기로 옮겨 간다. 다소 뜬금없어 보이는 이러한 관심의 이동을 완전히 이해하기란 쉽지 않다. 전통적인 인류학이나 사회학을 공부한 사람에게 날씨와 대기 같은 연구 주제는 접근하기도 이해하기도 어려울 것이다. 하지만 인간과 동물의 관계에 대한 잉골드의 독특한 관점을 다시 떠올린다면 ≪모든 것은 선을 만든다≫에서 다루는 대기와 날씨 그리고 선의 관계를 좀 더 쉽게 이해할 수 있을 것이다(Ingold, 2015/2024).

잉골드는 인간과 비인간의 대칭적 관계를 선구적으로 다룬 라투르의 이론에서 인간과 동물 사이 비대칭적 속성을 찾아내고 비판했다. 라투르는 인간이 구성하는 사회가 비인간 도구와의 안정적 네트워크를 구성해야 비로소 재생산될 수 있다고 보았다. 한편 인간을 제외한 동물의 사회는 도구를 행위자로 받아들이지 못하면서 안정적 사회를 구축하는 데 실패했다고 평가했다. 라투르에 따르면 동물은 오로지 신체만으로 사회 건설을 반복하지만, 그 사회를 다음 세대로 재생산하지 못한다. 반면 잉골드는 비인간 동물 역시 비인간 행위자로서 도구의 역할과는 관계없이 사회성을 구축할 수 있다고 보았다. 인간과 마찬가지로 비인간 동물에게는 그들을 둘러싼 경관과 자연조건이 또 다른 비인간 행위자로 작동한다. 라투르가 비인간 행위자로서 인공물을 네트워크 구축에 결정적인 행위소로 본 반면, 잉골드는 경관이나 생활세계의 물질성을 네트워크 구축이 아니라 그물망의 중요한 행위자로 보았다. 여기서 '대기'와 '날씨'는 '경관'이나 '생활세계' 못지않게 선의 인류학을 이해하고 그물망을 구축하는 데 중요한 역할을 한다.

예를 들어 보자. 최근 많은 사람이 동물뿐 아니라 식물을 반려종으로 받아들이기 시작했다. 그리고 식물을 돌보는 방법과 관련된 유튜브 영상이 엄청나게 확산하고 있다. 반려종으로서 식물이 안정적으로 성장하고 인간과 교감하는 데 중요한 요소는 무엇일까? 바로 '바람'이다. 적절한 실내 온도, 따듯한 햇살, 충분한 수분뿐 아니라 끊임없이 순환하는 공기가 식물에게 필수적이다. 닫힌 공간에서도 환풍과 공기의 지속적 순환은 반려식물의 생존에 중요한 요소다. 경관과 환경이 (인간을 포함한) 동물의 사회성을 구성하는 데 중요한 것처럼 반려식물들에게 공기의 순환은 그들의 사회성을 구성하는 데 중요하다.

경관이나 생활세계의 물질성은 행위자 또는 매개로서 인간이나 비인간 동물의 '사회적 삶'을 보여 준다. 생명을 둘러싼 이런 환경의 역동성과 물질성을 어떻게 고스란히 담아낼 수 있을까? 이 문제는 '날씨'에 대한 관심을 통해 해결된다. 잉골드는 '선'을 인류학적으로 해석함으로써 고정되고 평평한 것, 빌딩 블록처럼 쌓여 구축되는 사회적 삶의 물질성을 거부하고 끊임없이 얽히고 풀어지는 선의 매듭으로 만들어진 사회적 삶을 대안으로 제시한다. 선으로 이루어진 사회적 삶은 역동적이고 변화무쌍한 지속적 변화 과정임을 강조한다. 이러한 현실 세계의 운동성과 변화를 가장 잘 보여 주는 사례는 날씨일 것이다. 날씨는 공기와 빛, 소리 그리고 색과 같은 다양한 매질이 끊임없이 얽히고 풀어지는 과정을 잘 드러낸다. 공기와 대기 그리고 날씨의 흐름과 변화는 우리 삶에 필수 불가결한 요소다. 우리는 매일 숨을 쉬고 날씨에 영향받으며 살아간다.

라투르는 인간 행위자와 비인간 행위자에 대한 대칭적 접근법을 통해 혼종적 존재로서 네트워크의 생성과 안정화를 논한다. 라투르의 행위자-네트워크 이론은 인간중심적인 근대적 이분법을 해체한 것으로 잘 알려져 있다. 하지만 잉골드는 어떤 행위자를 다룰 때 다른 행위자들(인간 행위자이든 비인간 행위자이든 상관없이)과의 상호작용 과정뿐 아니라 그 행위자를 둘러싼 환경을 고려해야 한다고 주장한다. 예를 들어 나비가 공중에서 다른 나비들과 함께 춤을 추듯 날아갈 때나 물고기가 물속에서 꼬리와 지느

러미를 흔들면서 헤엄칠 때 나비라는 행위자 그리고 물고기라는 행위자는 공기와 물이라는 환경 안에 존재하기 때문에 의미를 갖는다고 지적한다. 여기서 라투르를 따라 물이나 공기를 또 다른 행위자로 볼 것인가 아니면 다른 무엇인가로 볼 것인가라는 문제에 부딪히게 된다. 잉골드는 라투르식의 '일반적 대칭성'을 비판적으로 평가하면서 물과 공기 같은 환경은 또 다른 행위자가 아니라 그물망을 형성하는 물질 매개(material media)로서 "흐름, 힘, 압력의 증감"에 따라 빠져들게 되고 경험되는 것이라고 주장한다. 아울러 이러한 경험은 나비가 혼자 공중을 나는 것이 아니라 '공중-속-나비(butterfly-in-air)'이고, 물고기가 그저 헤엄치는 것이 아니라 '물-속-물고기(fish-in-water)'이기 때문에 가능하다고 주장한다. 잉골드에 따르면 이러한 물질 매개는 행위자들의 행위성의 결과가 아니라 그물망의 선들에 의해 전도되는 힘들의 상호작용이 창발하는 것이다(Ingold, 2011: 92).

생성의 효과로서 생명

잉골드는 근대적 사고방식이 물질 매개가 생명에 작용하

는 정동적 효과를 배제하고 오로지 압력, 기온, 풍속, 습도와 같은 측정 가능한 요소만 남김으로써 그것을 기상학적 대기로 만들어 버리는 전도 현상을 일으켰다고 주장한다. 이른바 '과학화' 현상은 공기를 생명 활동에 필요한 물질적 매질로 파악하는 것이 아니라 분자식으로 환원한다. 잉골드는 이러한 전도 현상을 다시 되돌리기 위해 공기와 같은 매질을 우주적이고 정동적인 것으로 파악하자고 제안한다. 생명을 지닌 공기-안-존재는 (인간 행위자이든 비인간 행위자이든 상관없이) 호흡하고 공기를 생성하며 유동시킨다. 이 과정 모두 선의 얽힘과 풀림의 지속적 운동 과정으로 파악할 수밖에 없다. 어포던스 개념은 우주적이고 정동적인 물질적 매질로서 공기와 공기-안-존재로서 생명을 설명할 수 있게 한다. 즉 행위자와 환경의 관계, 그 관계 속에서 생성될 수 있는 행위 가능성을 포착한다. 인식은 단지 환경과 대상을 인지하고 재현하는 것이 아니라 생명이 환경 안에서 함께 끊임없이 환경을 만들고 환경이 생명 활동을 만들어 내는 과정으로 이해할 수 있다. 여기서 중요한 것은 '생명'이 인간이나 동물과 같은 생명체에만 국한되지 않는다는 점이다. 생명은 무생물 세계(inanimate world)에서 함께 생성되는 효과다. 잉골드가 제시하는 흥미로운 사례가 바로 1889년 6월의 어느 날 빈센트 반 고흐(Vincent Van

Gogh)가 그린 <별이 빛나는 밤(De sterrennacht)>의 표현 방식이다. 이 그림에서 우리는 별이 균질하지 않으며 비활성의 알갱이가 아니라는 점을 느낄 수 있다. 고흐의 눈길은 가는 곳마다 별의 불꽃이 탄생하는 순간을 포착했다. 이 그림에서 빛은 "우주의 복사에너지도 의식의 동요도 아니었다. 고흐는 밤하늘의 별빛 속에서 나를 떠난 내가 우주와 통합하는 시각적 의식을 포착하고자 했다"(차은정, 2024: 315).

날씨에 대한 선의 인류학적 이해는 '생명을 지닌 존재'의 영역을 선의 운동 안에서 확장할 수 있게 한다. 여기서 잉골드는 애니미즘에 관한 오해와 편견을 넘어 그것을 독특한 방식으로 재해석할 기회를 제공한다. 일반적으로 애니미즘은 비활성 물체(inert objects)에 대한 생명의 귀속으로 묘사된다. 한편 데스콜라는 애니미즘을 인간-문화세계가 자연세계보다 우위에 있음을 표현하는 것으로 정의한다. 인간에게서 발견되는 의도성(intentionality)이나 행위성(agency)을 비인간종 또는 다른 자연 실체(natural entities)에게 부과하는 것이라고 말한다(Descola, 2013). 잉골드는 이러한 입장들을 선의 인류학적 해석에 통합하면서 애니미즘을 믿음에서 만들어지는 것으로 보는 대신 애니미즘이 "계속 탄생 속에서 살아 있고 세계에 열려 있는 존재의 방식으로 통합한다"고 주장한다. 즉 존재들은 이미 만들어진(ready-made) 세계를 가로지르지 않고 그들 간 관계의 선들을 따라 형성되고 있는 세계(world-in-formation)를 통해 형성된다고 주장한다(Ingold, 2011: 67). 공기-안-존재로서 끊임없이 운동하고 생성되는 나비처럼, 태평양 연안의 틀링깃(Tlingit)족이 말하는 '들을 수 있는 빙하'처럼 비활성 존재는 끊임없는 운동 과정에서 생명을 생성한다. 날씨에 대한 잉골드의 관심은 바로 이러한 생명에 관한 생각 그리고 환경 안에서 함께 생성되는 활성/비활성 생명체에 대한 이해를 가능케 한다(Kwon, 2018).

잉골드가 선의 인류학을 통해 달성하려 한 궁극적 목표는 무엇이었을까? 바로 "동사로서 인간"이다. 선의 끊임없는 운동성, 얽히고 매듭짓고 풀어지는 반복적 과정을 통해 고정된 대상이 부재함을 밝힌 잉골드의 주장은 인간이라는 존재에 대한 정의를 확장한다. 근대적 인간관은 인간이 자신의 의지와 의도성으로 다양한 존재로 이루어진 세계를 통제하고 정복할 수 있다는 '타자화'의 세계관을 정립했다. 여기서 중요한 것은 의지와 의도를 지닌 주체와 그러지 않은 대상의 구분이다. 반면 잉골드의 인류학에서 인간은 그저 다양한 존재의 선들이 우연을 통해 엮이고 풀어지는 운동 과정에서 만들어지는 의도치 않은 삶의 궤적을 지닐 뿐이다. 다시 말해 모든 행위는 주체와 대상으로 나누어지는 것이 아니라, 즉 주어와 목적어의 관계가 아니라 동사를 통해 '함께 되어 가는' 실천의 과정일 뿐이다. 잉골드는 그것이 바로 '조응' 관계라고 주장한다.

주체와 주체의 관계는 그 둘의 차이에 대한 정의를 통해 이루어진다. 이 차이를 규정하기 위해 잉골드는 운동 과정이자 '함께 되어 가는' 과정을 상정한다. 잉골드의 접근법은 기존 사회과학자들의 접근법과 같지 않다. 전통적 사회과학에서 차이는 두 주체(인간 행위자이든 비인간 행위자이든 상관없이) '사이(between)'의 차이로 규정된다. 이 '사이'의 차이는 두 덩이로 이루어진 고정된 세계, 즉 '분할된 세계'를 전제한다. 하지만 실상은 그리 간단하지 않다. 잉골드는 '사이' 대신 '사이-안(in-between. 또는 중간 매개)'의 차이를 이야기한다. '사이-안'의 차이는 고정된 덩이 사이의 차이가 아니다. '함께 되어 가는' 과정 그리고 동사로서 이해한다는 것은 차이 또한 동사적 운동으로 바라봐야 함을 의미한다. '사이-안'의 차이는 생성 세계, "사물이 아직 주어지지 않았지만 주어지는 노중의 세계 속 생성과 소멸의 운동이다"(Ingold, 2015/2024: 279). '사이'의 차이를 연결하는 것은 정지한 요소를 체인으로 연결하는 일이지만 '사이-안'의 차이를 연결하는 것은 운동 속에서 물질을 모으는 ‘잇대기’의 관계다. 잉골드는 사이의 차이가 만들어지는 과정도 운동 과정으로 파악해야 한다고 주장한다. “차이는 ‘사이하기(betweening)’ 그 자체에 있다.”(Ingold, 2015/2024: 285)

잉골드는 라투르나 해러웨이 그리고 근대성을 비판하는 다른 학자들처럼 주체와 대상으로 나누어 사고하는 기존 방식에 대한 근본적 성찰을 요구한다. 아울러 목소리를 갖지 못했던 비인간 행위자들의 행위성을 복원한다. 그 성찰과 복원의 과정에서 핵심은 바로 선의 역동적 움직임을 만들어 내는 과정이다. 여기서 중요한 것은 바로 ‘방랑’으로 찾아 가는 과정, 선의 끊임없는 얽힘과 풀림에서 만들어지는 ‘존재의 운동성’이다.

참고문헌

차은정(2024). "기후 위기 시대의 우주적 상상력: 지구 주민의 인류학". 팀 잉골드 지음, 차은정 외 옮김. ≪모든 것은 선을 만든다≫, 305-321쪽. 이비.

金子遊(2021). "生物と物質のダンス". ≪たぐい≫, 3. Sarantoya 옮김(2022). "생물과 물질의 댄스-팀 잉골드에 관한 에세이". 사막여우(블로그).
https://sarantoya12.tistory.com/156

Descola, P.(2013). *Beyond Nature and Culture.* Chicago: University of Chicago Press.

Ingold, T.(2007). *Lines: A Brief History.* Cambridge: Polity.

Ingold, T.(2011). *Being Alive: Essays on Movement, Knowledge and Description.* London: Routledge.

Ingold, T.(2015). *The Life of Lines.* London: Routledge. 차은정 외 옮김(2024). ≪모든 것은 선을 만든다≫. 이비.

Ingold, T.(2020). *Correspondences.* London: John Wiley & Sons. 김현우 옮김(2024). ≪조응: 주의 기울임, 알아차림, 어우러져 살아감에 관하여≫. 가망서사.

Kwon, H.(2018). Return to animism. *Interdisciplinary Science Reviews, 43*(3-4), pp. 228-236.

팀 잉골드(Tim Ingold, 1948~)

현재 인류학에서 가장 뜨거운 관심을 받는 학자다. 전통적 인류학이 탐구해 온 근대성과 전근대성, 제국주의와 식민주의, 비서구 사회 문제의 한계를 넘어 선, 날씨, 기후 그리고 동물과 인간의 관계 같은 다양한 문제를 다룬다. 영국 케임브리지대학교 사회인류학과에서 수학했다. 1970년대 초 핀란드의 목축 원주민 사미족에 관한 현장 연구를 통해 북극권 지역에 사는 사람들과 비인간 동물 특히 순록의 관계를 완전히 새로운 시각으로 조명했다. 맨체스터대학교 인류학과 교수를 거쳐 스코틀랜드 애버딘대학교 인류학과에서 4A(인류학, 고고학, 예술, 건축) 프로그램을 개발해 학제 사이 경계를 허무는 데 선구적 역할을 했다. 지금까지 18편의 연구서를 발표했다. '조응'이나 '어포던스' 같은 개념을 통해 인류학 연구의 영역을 확장했다. 최근 선의 삼부작이라 할 ≪라인스≫(2007), ≪만들기≫(2013) 그리고 ≪모든 것은 선을 만든다≫(2015)에서 현상학, 신유물론, 행위자-네트워크 이론 등 최신 이론적 운동을 흡수해 독특한 '조응의 인류학'을 전개했다.

김기흥

포스텍 인문사회학부 교수다. 서강대학교 사회학과에서 학사 학위와 석사 학위를 받았다. 영국 스코틀랜드의 에든버러대학교에서 과학기술학으로 박사 학위를 받았다. 과학기술학 분야에서 사회구성론을 바탕으로 광우병으로 알려진 질병에 관한 과학자들의 연구와 지식의 구성 과정을 연구했다. 포항지진이나 코로나-19와 같은 재난 상황에 관한 연구를 진행하고 있다. 최근 인간-동물-질병의 관계를 연구하면서 팀 잉골드의 인간-동물 관계 연구에 관심을 갖게 되었다. 저서로는 광우병을 포함한 프리온 질병에 관한 연구를 사회학적으로 분석한 ≪광우병 논쟁≫(2010)과 ≪질병의 사회적 구성(Social Construction of Disease)≫(2007)이 있다. 공저로는 ≪포항지진 그 후: 재난 거버넌스와 재난 시티즌십≫(2020), ≪로보스케이프≫(2016), ≪역사 속의 질병, 사회 속의 질병≫(2015), ≪기억하는 인간 호모 메모리스≫(2014) 등이 있다.